Reinhold Bötzel & Gottfried Lorenz ● Dreimal Ich

Reinhold Bötzel

DREIMAL ICH

Gehandicapt – Erfolgreicher Sportler – Schwul

Erzählt von Reinhold Bötzel
Aufgeschrieben von Gottfried Lorenz

FRIELING

Bibliografische Information der Deutschen Nationalbibliothek
Die Deutsche Nationalbibliothek verzeichnet diese Publikation in der Deutschen Nationalbibliografie; detaillierte bibliografische Daten sind im Internet über http://dnb.d-nb.de abrufbar.

© Frieling-Verlag Berlin
Eine Marke der Frieling & Huffmann GmbH & Co. KG
Rheinstraße 46, 12161 Berlin
Telefon: 0 30 / 76 69 99-0
www.frieling.de
ISBN (Print): 978-3-8280-3595-9
ISBN (E-Book): 978-3-8280-3596-6
1. Auflage 2021
Umschlaggestaltung: Maximilian Günther
Sämtliche Rechte vorbehalten
Printed in Germany

Inhalt

Anhang

„Nicht was wir erleben,
sondern wie wir empfinden,
was wir erleben,
macht unser Schicksal aus."
(Marie von Ebner-Eschenbach, Ein Spätgeborener)

„Der Gedanke an Selbstmitleid kam ihm nie."
(Paul Monette, Coming Out, über seinen körperlich gehandicapten Bruder Bob)

Vorwort

Eine Autobiografie – und das mit Mitte vierzig? Ist das nicht sehr früh? Hat man in diesem Alter schon so viel Berichtenswertes erlebt? Ist das, was in den nächsten Jahren oder Jahrzehnten kommt, kein Fazit mehr wert?

Nachvollziehbare Einwände und berechtigte Fragen, die ich mir auch gestellt habe. Und dennoch habe ich mich entschlossen, schon jetzt meine Biografie zu schreiben und zu veröffentlichen. Und wenn es nur eine „Lebensabschnittsbiografie" wird und ich noch viel erlebe, was erzählenswert wäre, dann umso besser.

Der Titel meiner Biografie *Dreimal Ich – Gehandicapt – Erfolgreicher Sportler – Schwul* gibt einen Fingerzeig, warum ich die Autobiografie jetzt veröffentliche. Seit fast fünfunddreißig Jahren treibe ich leistungsbetonten Sport und seit ungefähr dreißig Jahren Leistungssport im semiprofessionellen Bereich. Diese Phase meines Lebens neigt sich nun ihrem Ende zu, so dass eine Bilanz sinnvoll erscheint, bevor ich mich neuen Herausforderungen stelle und Antworten auf die Frage finde, wie es nach meiner sportlichen Karriere weitergehen soll.

Seit meiner Kindheit bin ich körperlich gehandicapt und ein Sportler mit körperlicher Behinderung. Und so sehe ich mein bisheriges Leben auch als Ermutigung, ja als Vorbild für Menschen in ähnlicher Situation und als Aufforderung: Macht etwas aus Euch, lasst Euch nicht hängen und bemitleiden! Dieser Appell wird noch dadurch verstärkt, dass ich als schwuler Mann in doppelter Hinsicht Außenseiter bin. Und unter diesem Aspekt lautet mein Rat: Steh zu Dir und Deiner Veranlagung in einer Gesellschaft, die es Dir nicht leicht macht.

Meine Biografie möchte alle gehandicapten Menschen und alle Schwulen motivieren, ihr Leben in die Hand zu nehmen und – soweit ihnen das körperlich und geistig möglich ist – eigenverantwortlich zu gestalten, gleichgültig was andere dazu sagen und wie andere darüber denken.

Ich hatte Glück im Unglück, denn mir ist von der Natur ein besonderes Talent geschenkt worden, das ich, von einer Physiotherapeutin entdeckt, mit Hilfe anderer entwickeln konnte. Aber hätte ich nicht aus mir selbst heraus Energie entwickelt, ich wäre ein unglücklicher Mensch geworden und vielleicht meinen Depressionen erlegen. Und deshalb kann ich meinen Rat nur wiederholen: Lass Dich nicht gehen, entwickele Deine Begabung, steh zu Dir!

Grundlage meiner Autobiografie sind viele lange Gespräche mit dem Hamburger Historiker Dr. Gottfried Lorenz, der darüber hinaus dafür bekannt ist, sich für Themen und Belange Homosexueller einzusetzen. Briefe, Mails und kurze SMS an ihn und von ihm, ergänzt durch die Interviews mit Annika Grützner, Tobias Jung, Christian Lüttecke, Manfred Schür und Torsten Habig sowie die organisatorische Mitarbeit und Koordination von Dieter Hübl haben im Wesentlichen die Entstehung dieses Werkes ermöglicht.

Ihnen allen danke ich von Herzen für ihr besonderes Engagement und ihre Unterstützung am erfolgreichen Zustandekommen wie auch der Verlegung und Herausgabe meiner Biografie.

Mein Dank gilt ebenso den Fotografen der Bildmotive und den Organisationen DBS, PA-dpa und Staatskanzlei RLP für die Verwendungsgestattung, Freigabe und Bereitstellung der Bildmotive sowie allen nicht namentlich genannten Hinweisgebern.

Kindheit in Württemberg
vor dem Unfall

Es war ein kühler, trüber Tag, Montag, der 8. Dezember 1975, mit Höchsttemperaturen um 5° C und geringem Niederschlag, an dem ich auf der Entbindungsstation des Krankenhauses in Kirchheim unter Teck im Vorland der Schwäbischen Alb in Württemberg auf die Welt kam. Ich war der ersehnte Stammhalter (wie man das seinerzeit nannte) und bin der Mittlere von drei Geschwistern, neben meinen Schwestern Ilona und Karin. Den etwas aus der Mode gekommenen Vornamen Reinhold erhielt ich nach meinem Großvater väterlicherseits. Weitere Vornamen habe ich nicht.

Ich komme aus einer alteingesessenen württembergischen Familie. Unsere Haus- und Familiensprache war und ist das Alemannische, das um die Kreisstadt Göppingen, die etwa vierzig Kilometer östlich von Stuttgart liegt, gesprochen wird. „Mir schwätzet schwäbisch", wenn ich meine Verwandten besuche, auch wenn ich seit mehr als zwei Jahrzehnten in meinem beruflichen, sportlichen und privaten Umfeld nahezu akzentfrei Hochdeutsch spreche.

Meine Eltern besaßen in Bezgenriet, einem Dorf, das seit 1957 als südlichster Stadtteil zu Göppingen gehört, einen alteingesessenen Bauernhof. Solange ich mich erinnern kann, bin ich mit der Natur verbunden, habe Freude an Blumen, insbesondere auch an Orchideen, an Bäumen, an der Kraft des Wassers in den Bergen, an Bächen, Seen und Schnee. In der siebenten Klasse begeisterte ich mich für Geologie und nahm an einer Höhlenerforschungs- und an einer Video-AG teil, die der Lehrer Manfred Wohlfahrt angeboten hatte. Ziele waren die Falkensteiner Höhle zwischen Grabenstetten und Bad Urach, die Todtsburger Höhle bei Mühlhausen im Täle, die Wimsener Höhle bei Zwiefalten, die Goldloch-Höhle bei Lichtenstein, die Schiller-Höhle bei Bad Urach-Wittlingen und die Sinterterrassen bei Aichelberg. Ich liebe das Gebirge, wenn ich inzwischen auch dem Meer etwas abgewinnen kann.

Dennoch: auch nachdem ich inzwischen mehr als die Hälfte meines Lebens im norddeutschen Flachland zugebracht habe, fühle ich mich im gebirgigen Süddeutschland und im anschließenden Österreich zu Hause.

Von klein auf habe ich eine gute Hand für Tiere, besitze bei ihnen natürliche Autorität. So schlief ich auf einer Kuh, die als störrisch galt, konnte und kann gut mit Hunden umgehen und durfte mich als Einziger in der Familie sogar einem äußerst kämpferischen und aggressiven Hahn ohne Gefahr nähern, bis dieser schließlich im Kochtopf landete. Seit den vielen Skandalen um unsere Lebensmittel habe ich meinen Fleischkonsum merklich eingeschränkt, wenn ich auch kein Vegetarier geworden bin.

Meine Kindheit auf dem elterlichen Hof hätte eine Idylle sein können, aber es war keine ...

Mit vier Jahren kam ich in den Kindergarten. An die Zeit dort habe ich gute Erinnerungen, ausgenommen einen kleinen Jungen, der mit seinen Eltern aus der Stadt in das Dorf gekommen war, einen „Reingeschmeckten" also, der ausrastete, um sich schlug und nach heutigen Begriffen „verhaltensauffällig" war. Niemand verstand sich mit ihm. Nach einem halben Jahr wurde er aus dem Kindergarten herausgenommen. Was aus ihm geworden ist, weiß ich nicht. Warum der kleine Junge so war, wie er war, darüber haben wir Kinder uns keine Gedanken gemacht. Er war anders, und das genügte. Er hätte wohl auch keine Chance gehabt, von uns Dorfkindern gemocht und in unsere Gemeinschaft integriert zu werden, wenn er weniger „verhaltensauffällig" gewesen wäre.

In die Schule kam ich drei Monate vor meinem siebten Geburtstag. Am Tag meiner Einschulung im September 1982 war ich aufgeregt, lief vor dem „großen Ereignis" dreimal aufs Feld und machte mich schmutzig, so dass meine Mutter mich immer wieder neu anziehen musste. Erstaunlicherweise fiel von ihrer Seite kein gereiztes oder ärgerliches Wort. Die Zuckertüte war groß und voll.

Reinhold als kleiner Junge vor seinem Elternhaus in Bezgenriet

Womit sie gefüllt war, weiß ich nicht mehr. Ich habe sie stolz getragen. Denn endlich war ich ein Schulkind und groß und schon fast erwachsen! Die Schule machte Spaß, und ich war ein guter Schüler. Die Bezgenrieter Grundschule bestand aus vier Klassen, wobei die erste und zweite sowie die dritte und vierte Klasse jeweils gemeinsam von einer Lehrerin in allen Fächern unterrichtet wurden. Alle weiterführenden Schulen waren in Göppingen.

Als kleiner Junge war ich unternehmungslustig, ein Draufgänger. Und deshalb blieben Unfälle nicht aus: So geriet ich mit drei Jahren unter ein Auto. Und mit fünf Jahren fiel ich von einem fahrenden Lanz Bulldog, als ich und meine Schwestern mit dem Vater mitfahren wollten und ich nach einem Losentscheid auf dem zweiten Treckersitz keinen Platz mehr fand, sondern auf dem Radkasten halb stehend mitfahren musste.

Auf einem holprigen Schotterweg mit vielen Schlaglöchern und Schneeresten zum Wald hin fiel ich in die Radspur des Treckers, und der angehängte Güllewagen in Form einer Tonne rollte über meinen Bauch. Ein dreitägiger Krankenhausaufenthalt war die Folge. Die vermutete Nierenquetschung erwies sich glücklicherweise als Fehldiagnose, und so habe ich den Unfall erstaunlicherweise unbeschadet überstanden.

Schwerer wog eine Verletzung am Hinterkopf durch den Huftritt eines Schafs, das ich wohl aus Versehen erschreckt hatte. Die Wunde musste behandelt und genäht werden. Ein eingewachsenes Haar in der Narbe führte ein Jahr später zu schweren Kopfschmerzen, die mit der Entfernung der Ursache durch einen Arzt, der genauer als andere hingeschaut, das Haar entdeckt und herausgezogen hatte, schlagartig endeten.

Der Unfall – einarmig

Und dann – ich war siebendreiviertel Jahre alt – kam der 30. September 1983. Ich erinnere mich deutlich an all das, was an diesem Tag geschehen ist. Etwa vier Stunden vor dem Ereignis, das mein weiteres Leben bestimmen sollte, hatte ich eine Eingebung (anders kann ich das nicht bezeichnen): Ich habe mich völlig frei gefühlt, schwerelos, habe alles ausgeblendet und nur einen Gedanken gehabt: Es wird etwas passieren – und zwar nicht irgendwie, irgendwo, irgendwem, sondern mir. Es war nur ein Moment, aber ich wusste, es würde mich betreffen. Dieses Gefühl war weit stärker als eine Vorahnung. Erklären kann ich das nicht, aber es hat sich ereignet, und es hat sich in meine Erinnerung eingeprägt. Es ist mir nach wie vor gegenwärtig.

Auf einem Bauernhof gibt es immer etwas zu tun, auch für Kinder, ohne dass gleich von Kinderarbeit die Rede zu sein braucht. Tiere müssen gefüttert, Kartoffeln, Salat, Gemüse und Obst aus dem Garten geholt, bei der Hausarbeit geholfen werden. Natürlich machte das nicht immer Spaß, aber man tat es halt. Was blieb einem schon anderes übrig, wollte man nicht den Zorn der Eltern auf sich laden. Und wie viele Bauernkinder wartete ich nur darauf, den Trecker endlich selbst fahren zu dürfen, auch wenn das verstärkte Mitarbeit auf dem Hof bedeutete!

Von den Eltern war für den nächsten Tag, also den 1. Oktober, ein Ausflug, eine Fahrradtour, geplant. Dafür sollten meine Schwestern und ich die Fahrräder putzen, was wir auch taten. Und dann musste noch der Ladewagen gereinigt werden, in dem der geerntete Mais transportiert worden war. Bei diesem Ladewagen handelte es sich um ein V-förmiges Modell aus Aluminium mit einem Kratzboden, auf den das Ladegut im Laufe des Entleerungsvorgangs nachsackte. Und diesen Kratzboden, auf dem sich eine

Schicht Maisreste abgelagert hatte, sollte ich als Arbeitsauftrag des Vaters sauber machen. Die gelockerten Maisreste wurden dann mit Hilfe einer Dosierwalze, die mit ca. zwanzig Zentimeter langen Spießen versehen war, über ein Querförderband hinaustransportiert und dem Silogebläse zugeführt, das mit 20 000 bis 30 000 Umdrehungen in der Minute arbeitete und eine Sogwirkung auf zwei bis drei Meter entfaltete. Die Einstiegsluke in den Ladewagen war von einem Kind meines Alters nicht zu öffnen, denn man musste einen schweren Bügel hinunterdrücken, um die Bolzen zu lösen, und dann die Schließvorrichtung mit Schwung nach oben katapultieren. Das konnte nur ein Erwachsener. Ich stieg also gegen 16.00 Uhr durch die Luke in den Ladewagen und fing an, den Kratzboden zu säubern. Als ich merkte, dass noch ein Rest Mais – etwa eineinhalb Meter – vor der ausgeschalteten Dosierwalze verblieben war, erkannte ich, dass zu wenig Mais aus dem Ladewagen heraustransportiert worden war bzw. wurde. Daraufhin ging ich nach vorn und schob den Rest Mais mit einem Fuß auf das Querförderband. In diesem Augenblick schaltete meine Mutter, die geglaubt hatte, dass sich niemand in dem Ladewagen befinde, die Dosierwalze wieder ein, und die Walze riss mich mit.

Ich erhielt eine „Pfählungswunde" (wie es in der Krankenakte hieß) am Gesäß, flog auf das Förderband, die Arme seitlich weggestreckt, um nicht in das 1 × 1 Meter hohe und breite Silogebläse zu geraten, von den Ventilatorenblättern dieses Gebläses erfasst, zerstückelt und in das Hochsilo befördert zu werden. Die Mutter sah mich, schaltete das Silogebläse sofort ab, doch kam ich durch die noch viele Sekunden auslaufende Rotation mit der linken Hand immer näher an die Ventilatorenblätter. Als ich die ausgestreckte Hand der Mutter mit meiner rechten Hand ergriff, geriet ich mit der linken in das Silogebläse, und mein linker Arm wurde oberhalb des Ellenbogens abgerissen. Später musste noch bis auf dreizehn Zentimeter unterhalb der Schulter nachamputiert werden. Es ist ein Wunder, dass ich den Unfall überlebt habe.

Meine Mutter rannte mit mir in die Küche. Ich erinnere mich, dass ich dabei an der Deichsel (schwäbischer Ausdruck für die Anhängerkupplung des Ladewagens) einen meiner gelben Gummistiefel verlor. Ein aufmerksam gewordener Nachbar setzte einen Notruf ab. Der Notarzt kam nach „gefühlter Zeit" sofort. Die Sanitäter fragten nach dem abgerissenen Arm, den der schon erwähnte Nachbar fand und herbeischaffte. Und ich? All das, was sich um mich herum ereignete, nahm ich wahr, ohne es zu begreifen. Ich sah den abgerissenen Arm ohne Bezug zu mir. Eine irreale Situation! Blut hatte ich durch den Schock nur wenig verloren; Bluttransfusionen waren nicht nötig. Vermutlich erhielt ich vom Notarzt eine Beruhigungsspritze; denn ich bekam zu meiner großen und bis heute anhaltenden Enttäuschung nichts mit von dem Hubschrauberflug in die Klinik. Als ich wieder zu Bewusstsein kam, war ich im Krankenhaus, aber nicht in Göppingen, wie ich vermutete, sondern im Bundeswehrkrankenhaus in Ulm. Dort blieb ich zwei Wochen.

Mir war augenblicklich bewusst, dass sich etwas Schlimmes ereignet hatte. Doch ist der Verlust des Armes für mich ein normaler Unfall und kein einschneidendes Ereignis gewesen. Diese Aussage können viele Menschen nur schwer verstehen. Sie meinen, ich müsste ein Trauma davongetragen haben, müsste durch den Unfall bis heute psychisch belastet und damals in ein Loch gefallen sein. Aber ich lebte, lebte ja weiter, war in kein Loch gefallen; alles war im Lot, war gleich geblieben, konzentriert im „point of even". Es gab keinen Unterschied zu vorher, außer dass ich jetzt nur noch einen Arm hatte. Mit sieben Jahren hat man noch keine festen Zukunftspläne, die durch den Unfall zunichtegemacht worden wären, wenn mich auch damals schon alles interessiert hatte, was mit Flugzeugen zusammenhing. Doch war mir der Begriff „Pilot" noch völlig fremd. Für mich ging das Leben nahtlos weiter, nun aber mit einem Handicap. Und entweder, man akzeptiert, was passiert ist, und schließt Frieden mit dem Schicksal und den Gegebenheiten der Realität, oder man wird aggressiv und depressiv und unglücklich. Das alles war mir damals mit fast acht Jahren bewusst, auch wenn ich es noch nicht so rational hätte formulieren können. Mit „Heldentum" und „heroischer Haltung" hat das nichts zu tun, denn nicht verschwiegen werden dürfen und sollen Phasen der Niedergeschlagenheit, der Schwierigkeiten beim Neuerlernen zuvor schon längst beherrschter Fähigkeiten – nun aber nur mit einem Arm – und die immer wieder gestellte Frage, warum gerade mir das geschehen musste.

Bei dem geschilderten Unfall am 30. September 1983 hatte ich nicht das Gefühl, sterben zu müssen. Aber ich sah und sehe bis heute in diesem Ereignis eine Strafe. Doch wofür ich so hart bestraft worden bin, was ich „angestellt" hatte, um eine solche Strafe auf mich zu ziehen, ist mir nicht klar. Ich weiß, dass viele Menschen diesem Gedankengang nicht folgen und ihn nachvollziehen können. Aber ich trage ja die Schuld an dem Unfall. Auch wenn mich mein Vater mit der Säuberung des Ladewagens beauftragt hatte, so war doch damit nur der Kratzboden gemeint gewesen. In den Gefahrenbereich bin ich aus eigenem Antrieb gegangen. Warum „der da oben" nicht besser auf mich aufgepasst hat – auf diese Frage finde ich keine Antwort.
Ich bin kein Kirchgänger, gehe aus eigenem Antrieb nur Weihnachten in die Christmette. Konfirmiert worden bin ich 1989. Ich war früher gläubiger als heute. Aber ich weiß, dass Gott um mich ist. Da, wo ich bin, ist auch Gott. Ich muss ihn nicht an einem anderen, fremden Ort aufsuchen. Dieses Gefühl hat mich nicht verlassen, und diese Überzeugung habe ich nicht aufgegeben.

Kindheit nach dem Unfall

Wie nicht anders zu erwarten, war der Unfall kurze Zeit Dorfgespräch, etwas länger vielleicht beim „Fleckenhock" („Fleggahock"), den in der Ortsmitte stattfindenden Dorffesten. Dennoch: Bis heute erinnert man sich in meiner Heimat an dieses Ereignis, wenn etwas über meine sportlichen Erfolge in der Zeitung steht. Aber im Dorf wird ein solcher Unfall – wie so viele andere vorher und nachher – als etwas gleichsam Normales begriffen. So etwas passiert eben, kann vorkommen und führt in einem traditionell funktionierenden und intakten Dorf nicht zu Isolierung und Ausgrenzung als „Krüppel" oder – modern – als Mensch mit Handicap und auch nicht zu sentimentalem, falschem Mitleid. Ähnlich sieht das der ohne Arme geborene Hornist Felix Klieser. In seinem Interview mit der Neuen Osnabrücker Zeitung vom 2. Mai 2015 sagt er: „Ich komme vom Dorf. Dort habe ich mit den anderen Kindern gebolzt, gerauft, Briefkästen in die Luft gesprengt und anderen Schabernack getrieben." Im Dorf nimmt man Schicksale an, akzeptiert sie. Denn alles Kopfschütteln, Sichwundern, Sichentsetzen und Sichauflehnen hilft ja doch nichts. Nur mein Vater konnte seither nichts mehr mit mir anfangen. Er war auch nicht bereit, die Schuld an dem Unfall auf sich zu nehmen, anderenfalls hätte ich eine lebenslange Rente bekommen.

Schon vier, fünf Tage nach dem Unfall, noch im Ulmer Bundeswehrkrankenhaus, fing ich an, mich durchzubeißen, trotz Handicap selbständig zu bleiben, Handlungsabläufe mit einer Hand auszuführen, für die Menschen üblicherweise zwei Hände benötigen. Ich hatte im Krankenhaus unruhig geschlafen, hatte Albträume, wachte auf, schrie nach meiner Mutter. Daraufhin durfte sie bei mir im Zimmer schlafen. Und wenn es Essen gab, fütterte sie mich. Zunächst war das vielleicht in Ordnung, aber mit fast acht Jahren ist und isst man doch schon so selbständig, dass man sich auf Dauer nicht mehr füttern lassen will. Und so sagte ich ihr nach ein paar Tagen, dass ich mein Frühstücksei selbst aufmachen und essen möchte, wogegen sie nichts einwandte. Gesagt, getan! Ich habe das Ei mit meiner rechten Hand aufgemacht und anschließend gegessen. Die Umgebung sah danach wie ein Schlachtfeld aus. Ich sehe das Bild noch vor mir: überall Dotterspritzer und Eierschalen, die Bettdecke verschmiert. Aber ich hatte geschafft, was ich wollte. Es war ein, besser *das* Schlüsselerlebnis: Ich kann, wenn ich will, muss viele Fertigkeiten „nur" neu antrainieren und immer wieder üben. Und wenn etwas hundertmal nicht klappt, dann funktioniert es beim hundertundersten Mal – und dann immer wieder. Dieser Satz ist aus der Erfahrung heraus eine Art Lebensmotto geworden.

Obwohl ich bis dahin ein guter Schüler war, musste ich nach dem Unfall, durch den ich ja nur vierzehn Tage gefehlt hatte, unverständlicherweise in die erste Klasse zurück. Das nagt noch heute an mir und bedeutete für mich einen Knacks, der größer war und schwerer wog als der Verlust des Armes.
Psychisch hatte ich in meiner Dorfschule keine Probleme, da ja jeder Bescheid wusste über das, was geschehen war. Das änderte sich schlagartig, als sich meine Eltern ein Jahr später trennten und wir von einer Stunde zur anderen zu unserer Oma mütterlicherseits nach Albershausen zogen. In der dortigen Schule betrachtete man mich mit anderen Augen, wusste nichts von mir und meinem Unfall. Hier war ich der Fremde, „Reingeschmeckte", obwohl Albershausen nur reichlich acht Kilometer von meinem Heimatort Bezgenriet entfernt ist. Die neue Schule, die Trennung der Eltern, die, von meiner Mutter her gesehen, notwendig war, sind für mich – nach dem als ungerecht, als unnötig und demütigend empfundenen „Sitzenbleiben" – eine neue psychische Belastung gewesen. Kinder können grausam sein; sie sind keine Engel ohne Flügel. In Albershausen hänselten sie mich,

nahmen mich nicht, wie ich war, hatten kein unverkrampftes Verhältnis zu mir und taten mir weh. Ich reagierte mit Trotz und Abwehr, schlug einem Mitschüler, der mich geärgert hatte, ein blaues Auge, was mir allerdings hinterher leidtat.

Meine Mutter arbeitete in einer Maschinenbaufirma im nahen Reichenbach an der Fils, um sich und uns drei Geschwister finanziell über Wasser zu halten. Mir gegenüber war sie überbesorgt. Heute verstehe ich, dass sie Angst hatte, mir könne wieder etwas passieren. Damals aber empfand ich es zunehmend als lästig. Vielleicht fühlte sie sich an dem Unfall auch „mitschuldig". Gesprochen darüber wurde in der Familie nicht.
Aufgefangen in Albershausen hat mich vor allem meine Oma. Ihr verdanke ich viel. Ihr Tod im Jahr 2018 hat mich traurig gemacht und mich wegen meiner engen Verbundenheit mit ihr in eine persönliche Krise gestürzt. Bis heute denke ich mit Liebe an sie. Durch ihren Tod ist in mir das Feuer für den Leistungssport, das jahrzehntelang in mir brannte, erloschen. Mit ihrem Tod ist für mich etwas weggebrochen, das nicht zu ersetzen ist.

Doch als Kind fasste ich mit der Zeit auch in Albershausen Fuß, wozu die Freundschaft mit den Zwillingen Heiko und Sascha beitrug, bis diese auf das Gymnasium in Ebersbach an der Fils wechselten und wir uns aus den Augen verloren. Heute führt mich beispielsweise der Wikipedia-Artikel zu Albershausen unter den Persönlichkeiten, die aus Albershausen stammen, mit folgendem Satz auf: „Reinhold Bötzel, mehrfacher deutscher Meister, mehrfacher Medaillengewinner und Rekordhalter bei Europameisterschaften und Weltrekordhalter im Hochsprung sowie mehrfacher Teilnehmer bei den Paralympics, zuletzt 2016 in Rio." Und am 9. Januar 2018 wurde ich beim Neujahrsempfang der Gemeinde Albershausen mit der Großen Ehrennadel geehrt, die für mich mein Berater Dieter Hübl in Empfang nahm, da ich beruflich verhindert war.

Von Albershausen aus fuhr ich zwei, drei Jahre lang ein- bis zweimal wöchentlich zur medizinischen Rehabilitation nach Bad Boll. Ziel der Reha war, mit der Behinderung klarkommen zu können, mich als Behinderten zu akzeptieren. Zu kämpfen begonnen hatte ich ja schon, wie oben erwähnt, im Ulmer Bundeswehrkrankenhaus, als ich mich nicht hatte füttern lassen wollen und durchsetzte, mir selbständig beizubringen, ein gekochtes Ei ohne fremde Hilfe zu öffnen und zu essen.

Mit diesem einschneidenden Erlebnis hatte ich unmittelbar nach dem Unfall die Herausforderung angenommen, die durch ihn verursacht worden war. Denn viele gutwillige und hilfsbereite Menschen begreifen oft nicht, dass man als Behinderter die Hilfe nichtbehinderter Menschen gar nicht annehmen will und ihr Mitleid nicht braucht, sondern dass man eigenständig und selbstbestimmt ist und entsprechend handeln möchte.

Mit meiner Physiotherapeutin in Bad Boll hatte ich Glück. Frau Schmoller, die Frau des mich behandelnden Arztes und Orthopäden, war ein Traum, eine offene Frau, der ich vertraute. Sie hat mich, den kleinen Pummel mit nur einem Arm, der bis dahin nicht durch eine besondere sportliche Begabung aufgefallen war, nicht nur zum Sport, sondern auch zum Leistungssport geführt, mir Körpergefühl und Körperbeherrschung und Selbstbewusstsein vermittelt und mir, dem damaligen Nichtschwimmer, das Schwimmen beigebracht. Mit Hilfe quadratischer Wachsstifte lernte ich bei ihr, mit den Füßen zu schreiben. Ihr ist es maßgeblich zu verdanken, dass ich mit meinem Handicap in der Lage bin, vieles von dem zu verrichten, wozu andere beide Arme benötigen.

Um fremde Hilfe muss ich nur ganz selten bitten. Letzten Endes kann ich nach hartem Training mit dem rechten Arm und dem linken Armstumpf fast alles, selbst Schleifen mit Schnürsenkeln binden. Und so wurde ich in einem Schülerferienprogramm in Albershausen als Einarmiger „Meister auf zwei Rädern", weil ich mit dem Fahrrad am besten Slalom fahren konnte, eine Acht bewältigte und über eine schräge Rampe kam. Als Preis erhielt ich einen Segelflug, der aber aus Termingründen nicht eingelöst werden konnte und von meiner Mutter wohl auch nicht gewollt worden war.

Und von Frau Schmoller ermutigt, steigerten sich auch meine sportlichen Leistungen in der Schule: Mit knapp zehn Jahren, am 8. November 1985, erhielt ich das Deutsche Schülerabzeichen in Bronze. Ein Jahr später, am 21. November 1986, und am 9. Dezember 1987 dasjenige in Silber und schließlich am 17. Dezember 1987, also wenige Tage nach meinem zwölften Geburtstag, das Deutsche Schülersportabzeichen in Gold. Im Sommer 1987 hatte ich mit 2036 Punkten eine „Ehrenurkunde für hervorragende Leistungen" bei den Bundesjugendspielen 1987 bekommen.

Sport war für mich *die* Therapie gegen Selbstzweifel und Depressionen geworden. Durch ihn lernte ich meine Stärken kennen. Andere erkannten mein Talent und förderten es.

Leider schlossen Schmollers ihre Praxis. Die Nachfolgerin von Frau Schmoller als Physiotherapeutin war unsensibel, ging nicht auf mich ein, motivierte mich nicht, war unfreundlich und grob. Ihre Behandlungsmethode war für mich als kleinen Jungen eine Qual.

Wegen Verhaltensauffälligkeit brachte mich meine Mutter zu Psychologen und Psychiatern. Ich sagte denen, was sie hören wollten – nur nicht die Wahrheit, und die lautete: Ich will frei sein, packt mich nicht in Watte, überbehütet mich nicht, lasst mich endlich in Ruhe! Ich will *meinen* Weg finden und gehen.

Erste sportliche Erfolge

Ernsthaft Sport treibe ich seit dem neunten Lebensjahr. Wie erwähnt, war ich zunehmend verhaltensauffällig geworden. Ich war nervös, unkonzentriert, depressiv (was ich zu verheimlichen suchte), stellte mir die Frage, warum mir das alles passiert sei, warum „der da oben" nicht besser auf mich aufgepasst hatte. Und in dieser Situation meldete mich meine Mutter – auf den Rat von Frau Schmoller – in der Schwimmabteilung der Behindertensport-Gemeinschaft Göppingen (BSG) an. Dort fühlte ich mich wohl, war unter Gleichen, unter Menschen mit ähnlichem Schicksal. Ich übte mich im Brust- und Rückenschwimmen sowie im Kraulen. Schon wenig später, mit zehn Jahren, durfte ich zur Deutschen Behindertensport-Meisterschaft nach Lübeck mitfahren. Was für ein Erlebnis für ein Kind! Mit dem Bus quer durch die damalige Bundesrepublik Deutschland, weg von zu Hause, Sportatmosphäre pur! Ich kehrte mit einer Silbermedaille und zwei Bronzemedaillen zurück. In Göppingen gab es einen Empfang. Der „kleine Star" war geboren, dessen Ehrgeiz geweckt. Später wurde ich auch Mitglied im Nichtbehindertensportverein.

Das selbständig gepellte und gegessene Ei im Ulmer Bundeswehrkrankenhaus, der „Meister auf zwei Rädern", der es den zweiarmigen Klassenkameraden gezeigt hatte, und die drei ersten Medaillen sind drei wichtige Etappen – nein: sie sind Schlüsselereignisse in meinem Leben nach dem Unfall.
Aber es gab auch Niederlagen und Rückschläge. Ich musste lernen, mit ihnen fertigzuwerden, den Mut nicht zu verlieren und weiterzumachen. Stehaufmännchenqualitäten waren damals und sind auch heute gefordert, zugebissene Zähne, zurückgehaltene Tränen und verschluckte Wut.

Es war am 8. Dezember 1989, meinem vierzehnten Geburtstag, bei den Schwimmmeisterschaften in Miami (Florida). Ich hatte gute Chancen auf eine Medaille, als ich wegen eines angeblich nicht korrekten Beinschlags, einer Schere, disqualifiziert wurde. Dieses Erlebnis ist eine der Ursachen dafür, dass ich das Schwimmen als Wettkampfdisziplin nicht weiterverfolgte und aufgab. Die Erfolge blieben aus, und es machte mir keinen Spaß mehr, Kacheln zu zählen und gegen die Zeit zu schwimmen. Den Kampf gegen die Zeituhr tauschte ich mittelfristig ein gegen das Diktat des Maßbandes im Weit- und Hochsprung. Und eine Zeitlang war mir sogar die Stoppuhr wohlgesinnt: im Hundertmeterlauf, in der „4-mal-100-Meter-Staffel" und im Slalom und Riesenslalom.

Schon mit drei Jahren hatte ich, wie im Vorland der Schwäbischen Alb üblich, auf Skiern gestanden. 1987, mit zwölf Jahren, nahm ich an einer Skifreizeit des Landesverbandes für Behinderten-Ski in Rauris im Salzburger Land in Österreich teil. Ich war von den älteren Skifahrern fasziniert, stieg in den Skirennsport ein und schaffte es bis in den C-Kader der Nationalmannschaft. 1990 bin ich zum ersten Mal ein Skirennen gefahren, und zwar in Schwarzenberg (Vorarlberg) im Bregenzer Wald.
Besonders erfolgreich war ich bei den Deutschen Behinderten-Skimeisterschaften 1994. In einem Zeitungsartikel vom 17. Februar 1994 heißt es u. a.: „Drei alpine Meistertitel für Reinhold Bötzel aus Albershausen. Der für die BSG Göppingen startende Reinhold Bötzel [...] errang bei den Internationalen Deutschen Skimeisterschaften der Behinderten in Bischofswiesen drei Deutsche Jugendmeistertitel. In seinen Paradedisziplinen Slalom, Riesenslalom und Super-G ließ er die gesamte Konkurrenz hinter sich. Der 18-Jährige, der die Käthe-Kollwitz-Schule in Esslingen-Zell besucht, ist Mitglied im Landeskader Baden-Württemberg und Teilnehmer bei Sichtungslehrgängen der Deutschen Ski-Nationalmannschaft. Reinhold Bötzel [...] bereitet sich durch ein kontinuierliches Sommertraining mit Radfahren und Laufen auf die

Ski-Saison vor. Reinhold Bötzel bestreitet vier Rennen in dieser Saison bei internationalen Veranstaltungen in Österreich und der Schweiz. Sein großes Talent ist auch bei seinen sehr guten Leistungen in der Leichtathletik erkennbar. Groß geworden ist Reinhold Bötzel in der Turnabteilung des TSGV Albershausen."

Zum letzten Mal nahm ich 1995 an einem Skirennen teil. Diesmal war der Erfolg in Bischofswiesen geringer als ein Jahr zuvor. Eine Zeitung titelte: „Bei miesen Bedingungen holt NBSler Reinhold Bötzel zweimal Bronze" – und zwar im Super-G und im Riesenslalom.

Bis heute gehört meine Liebe dem Skisport. Aber als ich nach Norddeutschland zog und eine Berufsausbildung begann, war an eine Fortsetzung des intensiven Trainings in dieser Sportart aus zeitlichen und finanziellen Gründen nicht mehr zu denken.

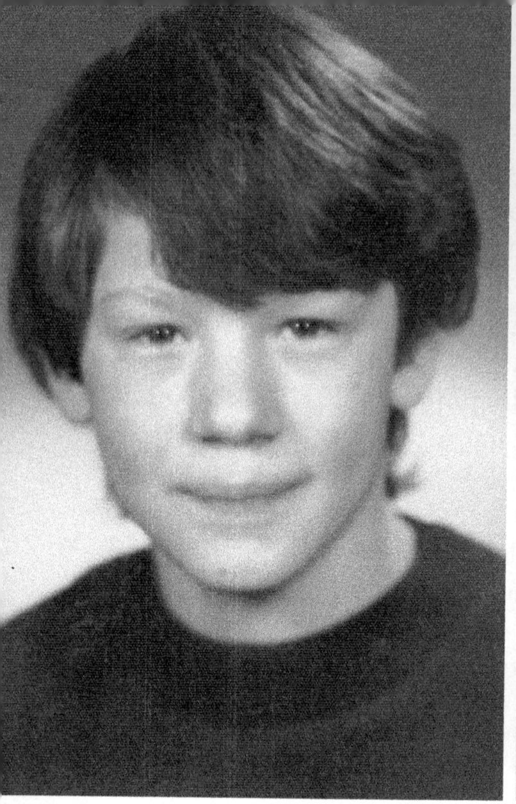

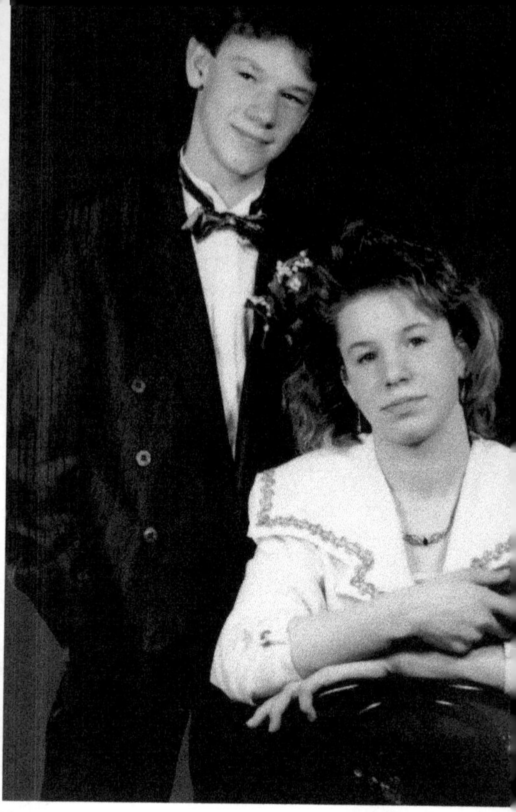

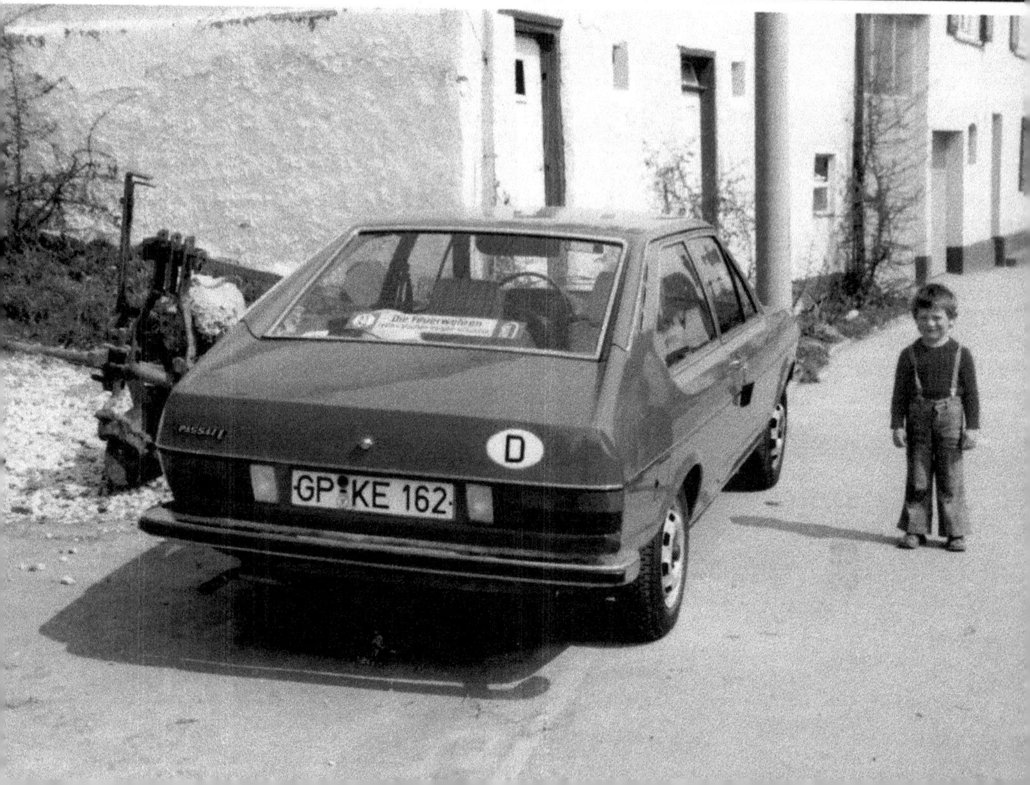
D
GP KE 162

Oben links S. 26:
Reinhold als Schulkind

Oben rechts S. 26:
Konfirmationsbild von Reinhold und seiner Schwester Karin

Unten S. 26:
Bezgenriet vor dem Elternhaus

Rechts:
ufnahme für „Du & Ich", Fotograf Manfred Schür

Unten:
Yes! Höhe geschafft, geballte Emotion bei Paralympics in Peking 2008, picture-alliance/dpa (epa Diego Azubel)

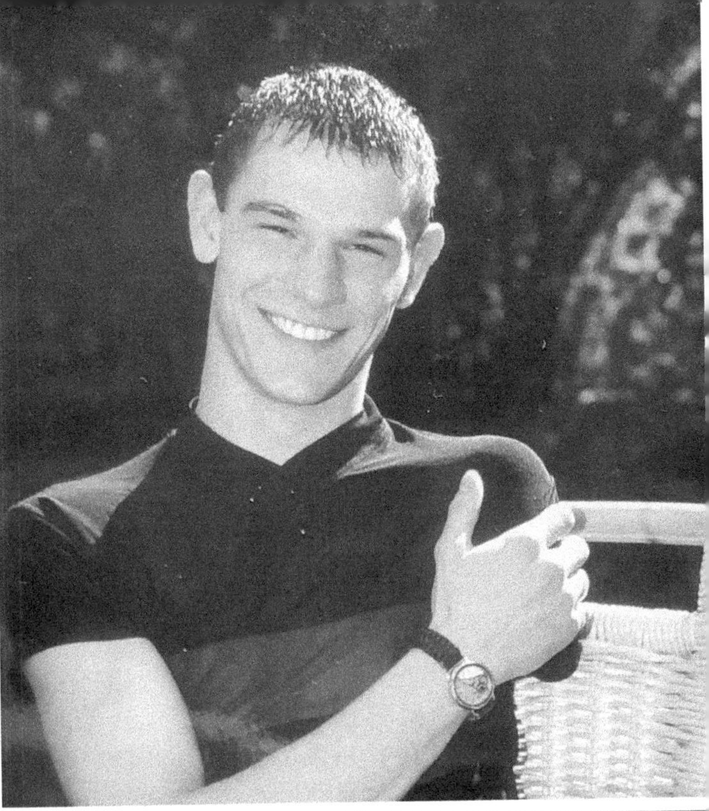

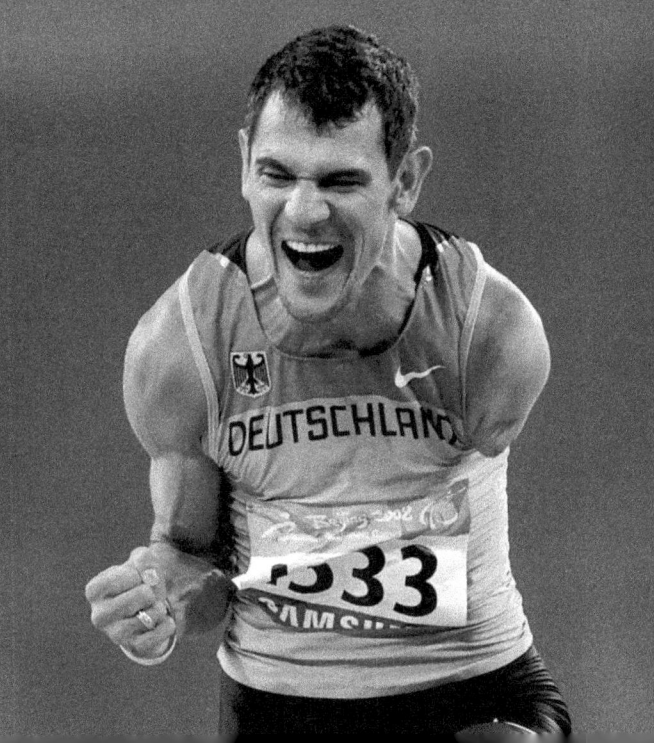

Auf dem Weg zum Leistungssportler

Anfang der 1990er-Jahre hatte es für mich sportlich kein Entweder-oder gegeben, sondern ich besaß mehrere Möglichkeiten, in die vorderen Reihen des Behinderten-Spitzensports vorzudringen. Mit zwölf oder dreizehn Jahren war ich zur Leichtathletik gekommen und Mitglied des TSGV Albershausen geworden. Dort wurde in der Leichtathletik Vielseitigkeit angestrebt, was meinen Interessen durchaus entgegenkam, auch wenn die Wurfdisziplinen nicht „mein Ding" waren und sind. Im Laufen und Weitsprung war ich besser, doch habe ich den Hundertmeterlauf als Disziplin schnell aufgegeben, weil ich nur Mittelmaß war, doch lief ich längere Zeit noch in der Nationalmannschaft in der 4-mal-100-Meter-Staffel. Mit fünfzehn Jahren, d. h. 1990, nahm ich an den Deutschen Para-Leichtathletikmeisterschaften in Rottweil in den Disziplinen Weitsprung, Hochsprung und Hundertmeterlauf teil.

Bei den fünften Württembergischen Einzelmeisterschaften 1993 in Aulendorf erreichte ich mit 5,76 Meter im Weitsprung und 1,73 Meter im Hochsprung jeweils den ersten Platz und mit 13,0 Sekunden im Laufen den zweiten Platz. Und ebenfalls 1993, mit siebzehn Jahren, bin ich in die Deutsche Para-Nationalmannschaft aufgenommen worden. Ich war damals deren jüngstes Mitglied.

Bei den Deutschen Behinderten-Leichtathletikmeisterschaften in Schwetzingen unmittelbar vor der Leichtathletik-Weltmeisterschaft der Behinderten in Berlin im Jahr 1994 holte ich zwei Silbermedaillen, und zwar mit 5,54 Meter im Weitsprung und 1,66 Meter im Hochsprung. Zufrieden war ich damit nicht, denn 1993 hatte ich in Aulendorf ja schon mehr erreicht.

Und dann – mit achtzehn Jahren – kam meine erste Weltmeisterschaft. Sie fand vom 22. bis 31. Juli 1994 im Berliner Olympiastadion statt. Dort belegte ich mit der 4-mal-100-Meter-Staffel den vierten und im Weitsprung den siebenten Platz. Im Hundertmeterlauf schied ich mit 12,72 Sekunden im Semifinale aus.

Erstmals bei Deutschen Leichtathletik-Meisterschaften in Rottweil als ca. 15-jähriger, Fotograf nicht auffindbar

Was mich in Berlin enttäuschte, war die geringe Resonanz der Behinderten-Weltmeisterschaft. In einem Zeitungsartikel von Harald Betz mit dem bezeichnenden Titel „Leider viele leere Ränge" heißt es hierzu: „Zufrieden war er [Reinhold Bötzel] mit sich bei der Weltmeisterschaft. Nur mehr Zuschauer im Berliner Olympiastadion hätte sich der Teilnehmer am paralympischen Jugendlager im spanischen Barcelona gewünscht, wo ihn die vollen Ränge begeisterten. Entscheidend sei gewesen, daß in der deutschen Hauptstadt keine Werbung für dieses Ereignis gemacht worden sei. Daß der Behindertensport durch die zahllosen Klassifizierungen allerdings an Attraktivität einbüße, sieht auch Reinhold Bötzel als Problem. Vielleicht gibt es in der Zukunft einmal ein Programm, das die Schadensklassen in einem System zusammenfasst und am Ende einen Sieger kürt."

Denselben Kommentar zur Resonanz der Veranstaltung in Berlin hätte Harald Betz leider auch vierundzwanzig Jahre später über die Para-Leichtathletik-Europameisterschaft vom 20. bis 26. August 2018 im Berliner Friedrich-Ludwig-Jahn-Stadion schreiben können.

Mit vierzehn oder fünfzehn Jahren hatte ich begonnen, mich für den Hochsprung zu erwärmen. Er wurde schließlich – und ist es bis heute – meine Favorit-Disziplin, vom Bewegungsablauf her und dem Fliegen mit dem Rücken über die Latte. Es gibt nur zwei Disziplinen in der Leichtathletik, bei denen man sieht, was geschafft werden muss: den Stabhochsprung und den Hochsprung. Man sieht als Athlet das Ziel. Man startet, fokussiert die Latte, konzentriert sich, versucht in sich zu ruhen und sich nicht ablenken zu lassen, baut Spannung auf, ruft ab, was man im Training gelernt hat, nimmt Anlauf, läuft vorwärts, beschleunigt über die Schräge, benutzt das Bein als Hebel und katapultiert sich nach oben über die Latte.

Meine Mutter hat meine sportlichen Aktivitäten unterstützt. Sie hat mich oft zum Training, zu Lehrgängen und zu Wettkämpfen gefahren. Ihr Motto war: ich solle probieren, was mir als Sportart gefalle, aber ich solle mich am Ende auf eine Sportart konzentrieren und diese dann „richtig" betreiben. Wenig aufgeschlossen war sie gegenüber dem Fußball. Sie hatte Angst, dass ich mir beim Fußballspielen ein Bein brechen könnte und dadurch noch stärker behindert würde.

Oben:
*Urkunde in Gold für herausragen-
de Leistungen/EM-Titelgewinn
2001 mit NBS-Vorstand Ewald
Grafe*

Unten:
*Goldmedaille mit Weltrekord im
Hochsprung (1,97 m) in Lille
2002*

Oben links:
Model-Casting in Leipzig, Fotograf nicht mehr zu ermitteln

Oben rechts:
In Mannschaftskleidung für
Paralympics 2008 in Peking,
picture-aliance/dpa
(Jörg Carstensen)

Unten:
Sportler-Portrait London 2012
für Paralympics-Mannschaft,
picture-alliance/dpa
(Fredrik von Erichsen)

Schulbildung

Zurück zur Schule: Nach der Grundschule habe ich die Hauptschule in Albershausen besucht.

Dort erhielt ich mit sechzehn Jahren (zusammen mit meiner jüngeren Schwester) nach Abschluss der neunten Klasse am 28. April 1992 meinen Hauptschulabschluss mit einem soliden, aber nicht überragenden Zeugnis, das von einer Vier in Englisch über Dreien in Deutsch, Mathematik, Biologie und Musik, Zweien in Religion, Erdkunde, Geschichte, Gemeinschaftskunde, Physik und Chemie bis zu einer Eins in Bildender Kunst und Sport ein breites Spektrum aufweist.

Zu sehr war ich oft vom Sport gefordert und von anderen Interessen beansprucht und abgelenkt worden.

Anschließend besuchte ich die Berufsfachschule Käthe Kollwitz in Esslingen-Zell, die mit öffentlichen Verkehrsmitteln von Albershausen aus recht umständlich mit Bus und Bahn und Umsteigen in Uhingen und bzw. oder in Plochingen zu erreichen war. Dort wollte ich den Realschulabschluss erreichen. Doch scheiterte ich an einem Lehrer, den wir Schüler nach einer ständig von ihm benutzten Redewendung „Mr. Freekotz" nannten, denn er duldete nicht, dass wir während des Unterrichts Kaugummi kauten, und zwang diejenigen, die das taten, mit den Worten „free kotz", diesen auszuspucken.

Zugegeben, ich war in Englisch, Mathematik und Physik kein guter Schüler, doch hätte dieser Lehrer meinen schulischen Misserfolg verhindern können, hätte er mir – wie von ihm versprochen – in Physik (als Nebenfach) und nicht im Hauptfach Mathematik eine Fünf gegeben. Die bessere Note Vier in Physik nutzte mir nichts.

Dieser schulische Misserfolg führte zusammen mit anderen Problemen zu einer Neuorientierung meines Lebens:

1. Eine Freundesclique zerbrach, als mein bisheriger bester Freund und Klassenkamerad finanzielle Verluste erlitt, nachdem er sich auf den Rat eines Kumpels hin auf ein Schneeballsystem-Geschäftsmodell eingelassen hatte. Nun versuchte man, aus mir – als Unbeteiligtem – Geld herauszupressen, indem man beispielsweise von mir die Kosten für einmal spendierte Getränke und Döner zurückverlangte. Dabei ging man recht brutal vor. Ich vertraute mich niemandem an, weder der Mutter oder der Familie noch einem Lehrer, und ich ging auch nicht zur Polizei, obwohl das, was passierte, insbesondere auch die Drohungen der alten Freunde, kriminell war.

2. Meine Mutter hatte mich in Watte „eingebauscht". Sie hatte mich sogar vom Fahrradfahren abhalten wollen aus Angst vor weiteren Unfällen. Ich durfte viel weniger als meine jüngere Schwester Karin, die (wie oben erwähnt) dieselbe Schulklasse wie ich besuchte und mit der ich mich im Übrigen bis heute gut verstehe. Ich musste um 18.00 Uhr zu Hause sein, wurde überbehütet aus Angst, Sorge, Liebe, Furcht, es könne mir wieder Schlimmes passieren.

3. Das Verhältnis in der Familie war seit Langem angespannt, und diese Spannungen eskalierten.

4. Mädchen gefielen mir. Ich habe mich früh – mit zwölf, dreizehn Jahren – für sie interessiert, hatte mit dreizehn eine feste Freundin, ein Mädchen mit echtem rotem Haar, ein Ideal. Mit ihr war ich vier Jahre zusammen. Doch eines Tages entdeckte ich unvermutet auf einer öffentlichen Toilette in Göppingen, dass mich Männer sexuell anzogen, ältere Männer, bei denen ich vermutlich als Vaterersatz Zuneigung, Zuwendung, Schutz und Verständnis suchte, von denen ich etwas lernen konnte, die mir Bildung vermittelten. Mein überquellender Bücherschrank und meine Kunstsammlung zeugen heute von meinen vielschichtigen außersportlichen Interessen. Mein erster

Mann in Göppingen war Hans. Wir trafen uns mehrfach, und wir küssten uns auch, was mich zunächst irritierte, für mich fast eklig war, denn nach den Vorstellungen der damaligen Zeit küssten sich nur Männer und Frauen, aber doch nicht Männer! Wie schnell habe ich umgelernt! Der Wunsch nach Sex mit Männern wurde immer stärker und verdrängte schließlich völlig das sexuelle Interesse an Frauen – so eigenartig und vielleicht abstoßend es erscheinen mag, auf einem öffentlichen WC zu spüren und zu erfahren, auch eine gleichgeschlechtliche Ader zu besitzen, und dort auch Sex zu haben. Während meiner Jugend waren Toiletten (im Schwulenjargon „Klappen" genannt) in kleinen Orten und Mittelstädten oft die einzige Begegnungsstätte und Möglichkeit für homosexuelle Männer, die Gleichgesinnte suchten.

Flucht an die Weser

Inzwischen war ich achtzehn Jahre alt geworden. Ich war nun volljährig und wollte den Knoten der Schwierigkeiten, die sich mehrten, durchhauen. Ich lieh mir von der Mutter eines Schulfreundes 100,– DM, verließ Albershausen mit vier Koffern und „zog hinaus in die weite Welt".

Dieser Schritt erweckt hier in der biografischen Erzählung vielleicht den Eindruck, als sei er lange geplant und minutiös vorbereitet gewesen. In Wirklichkeit aber geschah er eher spontan. In der Rückschau allerdings sehe ich das Weggehen von zu Hause als einen nicht nur richtigen, sondern auch notwendigen Schritt. Er bedeutete ein Reset, einen Neustart meines Lebens. Für meine Familie aber war mein Weggang – oder meine Flucht – von jetzt auf nachher ein Schock. Meine Mutter hat dieses Ereignis verletzt, und sie hat mich erst viele Jahre später einmal im Norden besucht, als ich schon in Hannover wohnte.

Das Ziel der Reise lag weit weg von der Schwäbischen Alb, rund 600 Kilometer. Es war Nienburg an der Weser. Dort kam ich am 8. Oktober 1994 an, meine Anmeldung als Nienburger Bürger erfolgte zwei Tage später am 10. Oktober 1994, also knapp zwei Monate vor meinem neunzehnten Geburtstag.
Warum zog es mich gerade dorthin und nicht in eine andere Stadt, wenn sie nur weit genug von Albershausen und Göppingen entfernt war? In Nienburg war ich kurz vorher wegen der Anfertigung einer Prothese gewesen und traf dort im Sanitätshaus Dohrmann einen Angestellten – Rudi –, den ich vom Schwimmen her kannte, wieder. Durch ihn hatte ich in dieser Stadt eine Anlaufstelle und konnte in der WG, in der Rudi wohnte, mit Sack und Pack unterkommen.

In Nienburg musste und wollte ich mich nun auf eigene Füße stellen. Die Voraussetzungen dafür waren alles andere als glänzend: Ich hatte die weiterführende Schule abgebrochen und keinen Realschulabschluss gemacht, was ich bis heute als Manko empfinde. Mein Vater schickte mir nur einen geringen Unterhaltsbetrag, so dass ich zunächst in einer Tankstelle jobben musste, um mein eigenständiges Leben zu finanzieren. Doch öffnete sich bald ein neuer Weg für mich: ich konnte eine Ausbildung als Einzelhandelskaufmann beginnen. Und fast meine gesamte freie Zeit widmete ich dem Sport.

Die Liebe zum Skisport
und das Landhotel Postgut in Tweng

Die Entfernung zwischen Nienburg und Albershausen führte dazu, dass die Verbindung zu meiner Heimat weitgehend abbrach; sie beschränkt sich bis heute auf gelegentliche Besuche zu runden Geburtstagen, Hochzeiten und Beerdigungen von Verwandten mütterlicherseits und zu Weihnachten. Mein Verhältnis zur Familie ist heute entkrampft und freundlich. Zur väterlichen Seite allerdings gibt es keine Kontakte. Dennoch fühle ich mich als Süddeutscher und Württemberger.

Einzig bedauerlich bei meinem Wechsel nach Niedersachsen war und ist, dass ich meine Ambitionen im Skisport aufgeben musste. Wie schon erwähnt, wäre ich gerne Skirennfahrer geworden. Nach wie vor liebe ich rasante Abfahrten im höchsten Schwierigkeitsbereich. Aber um sportlich weiterhin erfolgreich sein zu können, hätte ich viel Zeit aufwenden und viel Geld aufbringen müssen, um an Trainingslagern in Süddeutschland oder Österreich teilnehmen zu können. Und das war für mich als Auszubildenden und dann als beruflichen Anfänger nicht möglich. Doch seit mich im Jahr 2004 eine Arbeitskollegin zu einem Skiurlaub überredet hatte, bin ich, sofern das meine sportlichen Verpflichtungen erlaubten, fast in jedem Jahr in Österreich zum Skilaufen gewesen – seit 2005 vorzugsweise mit der schwulen Skifahrergruppe von *Männer-Natürlich* des Bonner Gay-Reisen-Veranstalters Rudolf Hermesdorff. 2005 und 2006 war ich mit *Männer-Natürlich* in Kirchberg in Tirol unweit von Kitzbühel. Seit 2007 ist das Reiseziel von *Männer-Natürlich* Obertauern, die österreichische „Beatles-Metropole" im Salzburger Land. Dort war ich 2007 bis 2010, 2014 und 2016 bis 2020. (Im Jahr 2012 machte ich wegen der Vorbereitungen auf die Paralympics in London keinen Skiurlaub.)

Wie kam es zu diesem Wechsel nach Obertauern, genauer nach *Tweng*? Rudolf Hermesdorff war auf der Suche nach Unterkünften in den österreichischen Skigebieten für Gruppen von zwanzig bis dreißig Männern gewesen und hatte deshalb im Jahr 2006 die RDA-Messe in Köln besucht. Obertauern war auf dieser Messe durch zwei Hoteliers, unter ihnen Helga Klary, vertreten. Rudolf Hermesdorff verhandelte zunächst mit Helga Klarys Kollegen, der nicht uninteressiert zu sein schien, wechselte dann zu einem Hotelier aus einem anderen österreichischen Skigebiet, der allerdings von vornherein nicht bereit war, eine Gruppe schwuler Männer aufzunehmen, und ging dann abermals auf den Obertauerer Hotelier zu, der inzwischen begriffen hatte, was für eine Skifahrergruppe er aufnehmen solle, und Hermesdorff nunmehr eine Absage erteilte: Nein, schwule Männer in Gruppenstärke wollte man nicht im Hotel und im Wellnessbereich haben. Das war dann die Gelegenheit für Helga Klary vom *Landhotel Postgut* in Tweng, rund neun Kilometer von Obertauern entfernt, dessen ausgedehntes Skipistengebiet im Winter mit dem häufig fahrenden Skifahrer-Shuttlebus vom Hotel aus in wenigen Minuten zu erreichen ist, mit Rudolf Hermesdorff ins Gespräch zu kommen. Helga Klary war bereit, schwule Skifahrergruppen in ihrem Hotel aufzunehmen, machte Hermesdorff ein Angebot, das dieser annahm, und so ist das Landhotel Postgut seit 2007 ein beliebtes Reiseziel für *Männer-Natürlich* geworden. Sowohl Rudolf Hermesdorff als auch ich haben uns mit Helga Klary und ihrer Familie angefreundet. Wegen Differenzen mit Rudolf Hermesdorff bin ich zwischenzeitlich in anderen österreichischen Skiorten wie Sölden (2011), Serfaus–Fiss–Ladis (2013) und Turacher Höhe (2015) gewesen, doch bedeutet mir die Skifahrergruppe von *Männer-Natürlich* viel, denn ich verdanke ihr gute Freunde wie Michael und Rano, Rüdiger, Andreas und einige andere mehr.

Helga Klary, die aus der Steiermark stammt, und ihr Mann Christoph hatten das *Landhotel Postgut* im Dezember 2004 erworben und führen die fast fünfhundertjährige Geschichte des Hauses fort. Die Taverne in Tweng im Fürstbistum Salzburg unterstand in alter Zeit dem Salzburger Domkapitel. 1549 wurde sie zusammen mit den dazugehörigen Grundstücken einem gewissen Eustachius Meislinger für 500 Gulden sowie einem jährlichen Pachtzins von 24 Gulden überlassen. Meislinger musste vertragsgemäß Ställe errichten, das Gebäude neu aufmauern und als Wirtshaus ausbauen. Um 1764 erfolgte der Ausbau zur Poststation Tweng. 1872 beispielsweise verkehrte die Post im Sommer täglich, im Winter immerhin dreimal wöchentlich. Unter dem k. k. Postmeister Genser wurde der Gasthof zur Post mit siebzig Betten ausgestattet, insgesamt verschönert und sogar mit einer elektrischen Lichtanlage versehen. Auf der gegenüberliegenden Straßenseite befanden sich neben der nach wie vor dort stehenden barocken Kirche eine überdachte Kegelbahn und ein Billardzimmer für die Gäste des Hauses (heute ist dort ein Parkplatz). In einem Grafensalon logierten die Adligen während ihrer Jagdaufenthalte, da das Gebiet um Tweng ein ausgezeichnetes Jagdrevier war.

Im 20. Jahrhundert wechselten die Eigentümer in kurzen Abständen. Am Ende war das Anwesen heruntergewirtschaftet, der Gebäudekomplex geradezu ausgeweidet. Um die Jahrtausendwende begannen Renovierungsarbeiten, und außerdem wurde ein Saunatrakt angebaut, aber als die Familie Klary das Gebäudeensemble im Jahr 2004 erwarb, war die Hauptarbeit noch zu leisten: Erdarbeiten mussten verrichtet werden, die Gewölbe des Gebäudes wurden denkmalgerecht restauriert und als Hotellobby und Kellerbar komplett renoviert. Alles erhielt dann den nötigen Feinschliff, der ein Haus erst einladend, für Gäste attraktiv und gemütlich macht. In den zum *Landhotel Postgut* gehörenden ausgedehnten Stallungen hat Christoph Klary eine Norikerzucht etabliert. Neben den Kaltblütern sind in dem Stall auch ein paar Schweine und Kaninchen untergebracht. Hinter den Stallungen zum Berg hin liegt ein Reitplatz für Menschen wie mich, die einmal auf einem Norikerpferd reiten wollen.

Wer sich für Architektur und noch nicht perfekt restaurierte Bausubstanz interessiert, sollte um eine Führung durch den 2017 erworbenen Pfarrhof von 1727 bitten. Das sogenannte „Kirchenhaus", mit seinen Gewölben, den Balken- und Baumstammdecken, dem geräumigen Boden, den Resten verzierter verputzter Wände und Decken, den unverputzten Wänden aus Bruchstein und dem urtümlichen im wahrsten Sinne „Ab-Ort" bietet das volle Programm an.

In der Küche regieren Helga Klarys Schwiegereltern. Der Schwiegervater, der gerne in die Gasträume kommt und sich mit den Gästen unterhält, ist ein sportlich aktiver, hintersinnig humorvoller Mann, bei dessen Bemerkungen man höllisch auf der Hut sein sollte. Die Schwiegermutter bleibt für die Besucher des Hauses weitgehend unsichtbar, aber sie ist es, die als guter Geist im Küchenbereich dafür sorgt, dass die Gäste mit regionalen Produkten und Schmankerln verwöhnt werden.

Was die Schwiegermutter in der Küche, ist Peggy im Service. Sie hat alles im Blick und im Griff. Von Anfang an ist sie dabei, hat ihr Norikerpferd im Stall stehen und sich an die steirische und salzburgische Mundart gewöhnt, denn sie stammt aus Pirna, dem Tor zur Sächsischen Schweiz bzw. dem Elbsandsteingebirge.

Peggy mag die schwule Skifahrergruppe: sie sei ruhig, umsichtig, freundlich und höflich. Aber sie berichtet auch, dass so mancher Gast Schwierigkeiten mit schwulen Männern im Wellness-, insbesondere im Saunabereich habe, dass auch beim männlichen Personal bisweilen Berührungsängste bestünden und dass mancher Stammgast des Hotels nur dann komme, wenn die Gruppe von *Männer-Natürlich* nicht da sei. Zusammen mit Helga Klary und Rudolf Hermesdorff ist es ihr aber auch gelungen, die Aflenzer Schuhplattlergruppe *The Burning Shoes*

„umzuerziehen" und dazu zu bringen, dass sie jährlich vor der schwulen Skifahrergruppe auftritt.

Im Jahr 2017 war ich außer im Winter auch Anfang September in Tweng, um mit einem Bekannten von dort aus im Lungau zu wandern. Das hat mir so gut gefallen, dass ich für den September 2018 zusammen mit Helga Klary eine Gruppenreise nach Tweng organisierte. Der Erfolg ermutigte uns, weiterhin Wanderreisen im salzburgischen Lungau zu planen.

Oben links:
Landhotel Postgut in Tweng

Oben rechts:
Mit Helga, Hotelchefin und
gute Seele des Hauses

Unten:
Kleiner Ausritt mit
Norikerstute Stella

Oben links:
Winterfreude auf der Skipiste

Oben rechts:
Über allen Gipfeln ist Ruh'

Unten:
*Über den Lignitzsee hinauf
zur Lignitzhöhe, 2.205m,
Fotograf Michael Pogoda*

Berufsausbildung in Nienburg/Weser

Zurück von Tweng aus 1233 m ü. A. in die Norddeutsche Tiefebene nach Nienburg, 25 Meter über NHN, wo ich am 1. August 1995 in dem heute nicht mehr existierenden, einst renommierten Sportfachgeschäft *Intersport Hoffmann* in der Langen Straße, das zusammen mit einem Reisebüro der Nienburger Zeitung *Die Harke* gehörte, meine Lehre zum Einzelhandelskaufmann begann. Der Filialleiter war skeptisch und ganz und gar nicht begeistert, einen körperlich behinderten Auszubildenden einstellen zu sollen, und stellte Bedingungen: so musste ich eine Armprothese tragen, und ich sollte den Führerschein machen. Außerdem sollte die Probezeit verlängert werden, was aber der Personalrat der *Harke* ablehnte. Der Führerschein war für mich kein Problem, hatte ich doch schon Erfahrungen im Autofahren, wie der Fahrlehrer sofort erkannte, und so erhielt ich den Führerschein für die für meinen Behindertengrad vorgeschriebenen Automatik-Autos nach Absolvierung der erforderlichen Mindestfahrstunden.

Die Armprothese tragen zu müssen, fiel mir schwer. (Schon als Kind hatte sie mir Schwierigkeiten gemacht, weil sie nach mehreren Nachoperationen des Armstumpfs, verursacht durch mein Wachstum, jeweils neu angepasst werden musste, was schmerzhaft war.) Anders als der nicht vorhandene linke Arm und der Armstumpf ist sie für mich etwas Fremdes, gehört sie nicht zu mir.

Die Skepsis des Filialleiters war bald überwunden. Schon im zweiten Lehrjahr hatte ich eine eigene Abteilung zu betreuen und war dort für Einkauf und Verkauf verantwortlich.

Die Resonanz der Kunden auf mich war positiv. Was ich nicht machte, war das Zuschnüren der Turnschuhe, aber daraus entstanden keine Probleme, da das bei Kindern die Eltern oder andere Erwachsene, die die Kinder beim Einkaufen begleiteten, übernahmen. Wichtig für die Kunden war eine kompetente Beratung – und die erhielten sie von mir, gepaart mit Charme und Freundlichkeit.

Die Lehre schloss ich mit bestem Ergebnis ab. Mein Kaufmannsgehilfenbrief trägt das Datum 13. Juli 1998. Übernehmen konnte mich das Sportfachgeschäft leider nicht, so gerne dies der Inhaber gewollt hätte, weil man dann aus betriebswirtschaftlichen Gründen keinen neuen Auszubildenden hätte einstellen können, denn Lehrlinge sind für jede Firma ein günstigerer Kostenfaktor.

Nach meiner Abschlussprüfung als Einzelhandelskaufmann wechselte ich von Nienburg nach Wunstorf in das Kaufhaus Kastendieck. Dort sollte ich eigentlich Substitut, also stellvertretender Abteilungsleiter werden. Doch musste ich sofort die Leitung der Sportabteilung übernehmen, da der bisherige Abteilungsleiter noch vor meinem Arbeitsantritt gegangen war. Bei Kastendieck hatte ich einen Zweijahresvertrag, den ich wegen sich abzeichnender wirtschaftlicher Schwierigkeiten des Kaufhauses, das schließlich Insolvenz anmelden musste, nicht verlängerte.

Ich bewarb mich zunächst bei der Landesbausparkasse und nach dem Hinweis eines Bekannten, wonach man sich bei der Telekom extern bewerben könne, mit einer Fax-Bewerbung auch bei diesem Konzern. Beide Bewerbungen hatten Erfolg, obwohl man üblicherweise als Gehandicapter enorme Schwierigkeiten auf dem Arbeitsmarkt hat. Ich entschied mich nach den Erfahrungen mit den wirtschaftlichen Schwierigkeiten des Kaufhauses gegen die zunächst sehr viel höher dotierte Stelle bei der LBS, die aber nach kurzer Zeit auf Provisionsbasis umgestellt werden sollte, wegen der guten Sozialleistungen und des sicheren Arbeitsplatzes für den konservativeren Weg und wurde am 1. September 2001 Telekommunikationsberater in Hannover. Inzwischen bin ich Seniorverkäufer. 2007/2008 habe ich eine Weiterbildung als Filialleiter gemacht und vertrete regelmäßig den Leiter der Filiale, in der ich arbeite.

Der Beruf – auch wenn ich damit keine Reichtümer verdiene – ist die wirtschaftliche Grundlage meiner Existenz als semiprofessioneller Sportler. Ohne diese Basis könnte ich mir das intensive Training, Trainingslager und die Teilnahme an zahlreichen Wettkämpfen nicht leisten; denn Sponsoren waren und sind im Behinderten-sport dünn gesät. Und die Sportförderung greift nur im obersten Spitzenbereich. Wenn ich Fußballer wäre, hätte ich bei vergleichba-ren sportlichen Erfolgen finanziell längst ausgesorgt. Unterstützt wurde bzw. werde ich von Privatpersonen und durch meine Fir-ma, die Deutsche Telekom.

Im Beruf habe ich mit meiner Behinderung keine Probleme. Und mit mir selbst deswegen ohnehin nicht. Allerdings hat die Umge-bung vielfach mit mir Probleme. Für die deutsche Gesellschaft bin ich ein „abnormes Individuum", was die häufig gestellte Frage, wo ich denn meinen Arm gelassen bzw. abgelegt hätte, oder die Be-zeichnung als „einarmiger Bandit" belegen.

Man schaut mir nach, glotzt hinter mir her, versucht krampfhaft, „es" nicht zu sehen, was nicht behinderten Begleitern nicht auffällt, was ich aber deutlich im Rücken spüre. Andere wollen mir als ge-handicaptem Menschen unbedingt helfen, drängen mir förmlich ihre Hilfe auf und verstehen nicht, dass man ihre Hilfe gar nicht will und nicht braucht.

Lieber gehe ich auf Menschen zu, wenn ich tatsächlich einmal Hil-fe brauche, und sage dann: „Würdest Du / Würden Sie mir bitte die Wanderschuhe schnüren."

(Der Bericht *Verbale Attacken und körperliche Angriffe – so lebt es sich mit Beeinträchtigung* in der Zeitschrift *Stern* vom 15. August 2019 fasst die Ergebnisse einer Umfrage eines Meinungsforschungsinsti-tutes unter gehandicapten Menschen folgendermaßen zusammen: 51 % der Befragten haben „Erfahrungen mit Diskriminierung ge-macht [...] Bei den 18- bis 50-Jährigen sind es mit 70 % sogar noch deutlich mehr. Diese Ergebnisse hatten die Betroffenen nicht etwa in Ausnahmesituationen, sondern am häufigsten im Alltag: durch rücksichtsloses Verhalten, 60 Prozent, verbale Belästigung, 41 Pro-zent, oder gar tätliche Angriffe, 11 Prozent [...]. Diskriminierungen in der Gesellschaft nehmen nach Ansicht der befragten Menschen mit Beeinträchtigung – 52 Prozent – sogar noch weiter zu.")

Alltägliche Begegnungen als Gehandicapter

Ein paar Beispiele für die unterschiedlichen Reaktionen auf mich als körperlich gehandicapten Menschen möchte ich erwähnen: Ich war – wie so oft – in Hannover mit dem Fahrrad unterwegs und hatte eine Jacke an. Durch den Fahrtwind schlenkerte der linke Ärmel hin und her. Das irritierte einen älteren Autofahrer, der mich an der nächsten Ampel ansprach und sagte, ich solle mit dem linken Arm nicht so wedeln. Denn er war der Ansicht, ich hätte ein Zeichen geben wollen, um nach links abzubiegen. Nun war ich meinerseits irritiert. Wegen der kurzen Ampelphase war eine Reaktion nicht möglich. Irgendwie hatte der Autofahrer ja recht gehabt.

Als ich im April 2014 in Portugal war, begegneten mir im Hotel zwei Mädchen aus Berlin im Alter von vielleicht sieben und neun Jahren mit penetranter, dreister, unsensibler Neugier, mit aufdringlichem Interesse und kokettierten mit ihrem Mut, einen Behinderten anzusprechen. Ich fand diese Mädchen schlecht erzogen, auch wenn ich zugebe, dass ihr Verhalten vielleicht auf Unsicherheit beruhte.

Ein Gegenbeispiel ereignete sich am 20. September 2017 in Tweng, als die kleinen Kinder zweier arabischer Familien am Nebentisch meine Behinderung bemerkten, diese Beobachtung ihren Eltern mitteilten und auf deren allem Anschein nach sachliche Reaktion hin sich schnell anderen Dingen zuwandten.

Anteilnahme begegne ich oft in den Skizentren, wenn beispielsweise Kassiererinnen in Supermärkten, sobald ich alleine mit der rechten Hand Geld aus der Geldbörse krame, vermuten, ich hätte meinen linken Arm gebrochen und mir gute Besserung wünschen. Wenn ich sie dann über den wahren Sachverhalt aufkläre, ist ihnen ihre Reaktion etwas peinlich, doch trennen wir uns in der Regel mit einem Scherz. Und die Redewendung „einarmiger Bandit" verwende ich manchmal selbstironisch für mich gegenüber Freunden und Bekannten: „Viele Grüße vom einarmigen Banditen."

Schwul und gehandicapt

Doch bin ich ja nicht nur gehandicapt, sondern auch schwul. Und damit gehöre ich in doppelter Hinsicht in unserer Gesellschaft und in unserem Staat zu einer Minderheit, die nicht der Norm entspricht und deswegen (trotz aller gesetzlichen Gleichberechtigung) nach wie vor in der Öffentlichkeit relativ häufig diskriminiert und angefeindet wird.

Als schwuler Gehandicapter begegne ich zwei sich ausschließenden Phänomenen: Einerseits fordern viele Homosexuelle den körperlich perfekten Mann, der ich nicht bin, andererseits gibt es im schwulen Sexualbereich einen Behindertenfetischismus, den ich nicht bedienen will. Doch in der Regel habe ich mit schwulen Männern keine Probleme; allem Anschein nach habe ich eine positive Ausstrahlung auf sie und kann mich nicht beklagen.

Als Schwuler lebte und lebe ich nicht „in the closet" bzw. „im Schrank". In meinen „wilden Jahren" besuchte ich häufig schwule Bars und Saunen, ging in einschlägige Discos. Durch Nienburger Freunde habe ich die Schwulenszene in Hannover, z. B. die Bierklause und die Disco „Vuli", kennengelernt. Und ich hatte das Glück, im Laufe meines Lebens Freunde gefunden zu haben, denn ich betrachte Freundschaft als ein hohes Gut. Freunde sind eine enorme Bereicherung – vor allem auch, wenn man schwul ist. Seit ich 1995 während meiner Ausbildung in Nienburg Klaus aus Hannover kennengelernt hatte und mit ihm über drei Jahre zusammen gewesen war, habe ich mehrere langjährige Beziehungen gehabt. Parallel zu meiner ersten Beziehung in Hannover hatte ich einen Liebhaber in Köln, der verheiratet war. Und in der Kölner Gaybar „Zille" habe ich dann einen Mann aus Bad Honnef getroffen, mit dem ich mehr als sieben Jahre zusammen war. Diese Zeit gehört in jeder erdenklichen Hinsicht zu den reichsten und intensivsten Phasen meines Lebens. Seit dem 23. August

2009 bin ich mit meinem jetzigen Partner zusammen. Alle diese Beziehungen waren – und sind – „offene Beziehungen".

Da ich ältere Männer mit einem Altersunterschied von etwa drei-ßig Jahren bevorzuge, sind die Beziehungen mit ihnen oft durch den Tod des Freundes beendet worden, so dass ich immer wieder Verlusterfahrungen machen musste. Geblieben sind Erinnerungs-landschaften mit Freunden wie das Mittelrheingebiet zwischen Koblenz und Bad Honnef.

Im Jahr 1999, mit 23 Jahren, bin ich an die Öffentlichkeit – oder präziser: an die Öffentlichkeit der schwulen Community – ge-gangen: In der Juli-Ausgabe dieses Jahres erschien in der Homo-sexuellenzeitschrift *Du&Ich* (S. 12–16) der Artikel *Tabuthema: Schwul und behindert. Reinhold aus Nienburg: „… die Probleme damit haben meistens die anderen".* Dabei handelt es sich um ein ausführ-liches Interview mit mir, das Manfred Schür geführt hatte. Illus-triert wurde der Artikel mit Fotos, auf denen ich die Hüllen hatte fallen lassen und mich so präsentierte, wie ich bin. Der Fotograf war ebenfalls Manfred Schür.

In diesem Interview sagte ich: „Die meisten Leute denken ein-fach, ‚Behinderte sind einfach behindert'. Sie haben einen Körper-teil verloren und sind in dem Sinne nicht mehr normal. Ich sehe mich als total normaler Mensch an." Mit diesem Satz gleich zu Beginn des Interviews habe ich mein Hauptanliegen deutlich gemacht: Ich fühle mich nicht als Behinderter. Oder anders aus-gedrückt: Ich empfinde mich als Mensch mit leichter körperlicher Behinderung von Kindheit an, der sich problemlos bewegen und nach seinen Wünschen und spontanen Einfällen überall hin-kommen kann. Ich habe mein Schicksal angenommen, lebe viel-leicht auf Grund der körperlichen Behinderung sogar intensiver. Ich möchte mich und meine körperliche Einschränkung nicht verstecken. Ich habe etwas aus mir gemacht. Ich kann und will Vorbild sein für Menschen in einer vergleichbaren und ähnlichen Situation.

Aktaufnahme, Foto von Manfred Schür

Die dann folgenden Ausführungen enthalten die oft erzählten, abgefragten und mitunter breitgetretenen Einzelheiten zum Verlust meines linken Armes und zum Unfallhergang, zum Schlüsselerlebnis im Ulmer Bundeswehrkrankenhaus, als ich zum ersten Mal mit nur einer Hand ein Ei pellte und aß, zu Rückschlägen und Hänseleien durch Mitschüler, zu Therapien und wie ich zum Sport kam und erste Medaillen gewann.

Überdies (in einem Homosexuellenmagazin nicht erstaunlich) wurde ausführlich meine sexuelle Entwicklung thematisiert und (nach dem Klappenerlebnis in Göppingen) das Erstaunen und gleichzeitig Erschrecken darüber, sexuell möglicherweise nicht normal zu sein: „Ich habe dann immer gedacht, du bist nicht normal, das kann nicht sein, du bist abartig. Meine Eltern hatten mir nie was davon erzählt, in keinem Biologiebuch stand was darüber, und ich mußte plötzlich mit so einer Situation zurechtkommen."

In meinen Unterlagen befinden sich Kopien aus dem 1990 erschienenen Buch *Nackter als nackt komm' ich zu Dir – Sexualität* aus dem Freiburger Christophorus-Verlag. Zwei Texte dieses Bandes hatten mich interessiert, nämlich *Am liebsten bin ich mit einem Mann zusammen* von Joseph Norden und *Verletzt, ausgeschlossen und entmutigt* (über die sexuellen Wünsche von Behinderten) von Udo Sierck. Ich hatte mehr wissen wollen über diese zunächst beunruhigende Erkenntnis, „sexuell anders" zu sein. Darüber mit meinen Angehörigen zu sprechen, fehlte mir zunächst der Mut. Erst in Norddeutschland wurde ich freier. Dort nahm ich mir vor: „Ich baue mein Leben neu auf, ich lebe mein Leben so, wie ich es leben möchte." Auch das war leichter gedacht als umgesetzt. Seit 1996 habe ich mich im Freundeskreis zunehmend geoutet. Auf die oft gestellte Frage „ ,wie geht's denn deiner Freundin' konnte ich problemlos antworten: ,Ich habe keine Freundin, ich habe einen Freund.' Mittlerweile stehe ich vollkommen dazu. Meine Mutter und meine Schwestern haben damit kein Problem, und auch in meiner Arbeit ist es kein Geheimnis mehr. Wer mich nicht so akzeptiert, wie ich bin, a) mit meiner Behinderung, b) mit mei-

nem Schwulsein, mit dem möchte ich auch nichts zu tun haben. [...]
Die Resonanz auf mein Outing war ehrliche Akzeptanz [...]. Ich
glaube, daß ich ein gutes Selbstvertrauen ausstrahle."

Angesprochen wurde in dem *Du-&-Ich*-Interview weiterhin die
Frage, ob meine körperliche Behinderung auch etwas Positives
bewirkt habe. Meine damalige Antwort gilt nach wie vor: „Das
einzige herausragende Positive, das ich sicher ohne meine Behinderung nicht entwickelt hätte, ist mein sportlicher Ehrgeiz. Ich
habe anfangs oft darüber nachgedacht, warum gerade ich, warum kein anderer, was wäre, wenn? Aber auf diese Frage gibt es
keine Antwort. Man verkriecht sich, bekommt Depressionen und
zerstört sich nur selbst. Wenn man dann nicht einsieht, daß es auf
diese Frage keine Antwort gibt, geht man daran zugrunde. Sehr,
sehr viel hat mir Reden mit anderen geholfen. Man wird wieder
fröhlich, kommt aus sich raus, kann wieder lachen, kann wieder
arbeiten und kann wieder leben. Dann entwickelt sich der Ehrgeiz, trotz Behinderung besser zu sein."
Liest man diese Sätze gegen den Strich, erfährt man, was mich
beschäftigt hatte und womit ich fertig werden musste.
Meine Interviewantworten von 1999 sind auch zwanzig Jahre später
noch richtig. Und dies gilt ebenfalls für die damals angesprochenen
Schwierigkeiten, „Arbeit, Training, Urlaub und Wettkämpfe unter
einen Hut zu kriegen", und für die finanzielle Situation eines Behindertensportlers. Nach wie vor bezahle ich meine sportliche Tätigkeit
weitgehend selbst. Und ebenfalls gilt meine damalige Aussage, wovor ich Angst hätte: vor „Sportverletzungen" und „Erkrankungen".
Manfred Schürs Fazit unseres Gesprächs lautete: „Ich glaube, in
dieser Art hat es in einem schwulen Medium ein solches Interview auch noch nicht gegeben. Ich habe bei diesem Gespräch
auch gelernt, meine eigenen Gedanken, Vorurteile und oberfläch-
lichen Vorstellungen zu überdenken.

Neu im
Juli

e neue Ausgabe
n DU&ICH gibt´s ab
. Juni

Wir brechen das Tabu:
SCHWUL & BEHINDERT

Reinhold aus Nienburg

„...die Probleme damit haben meistens die anderen."

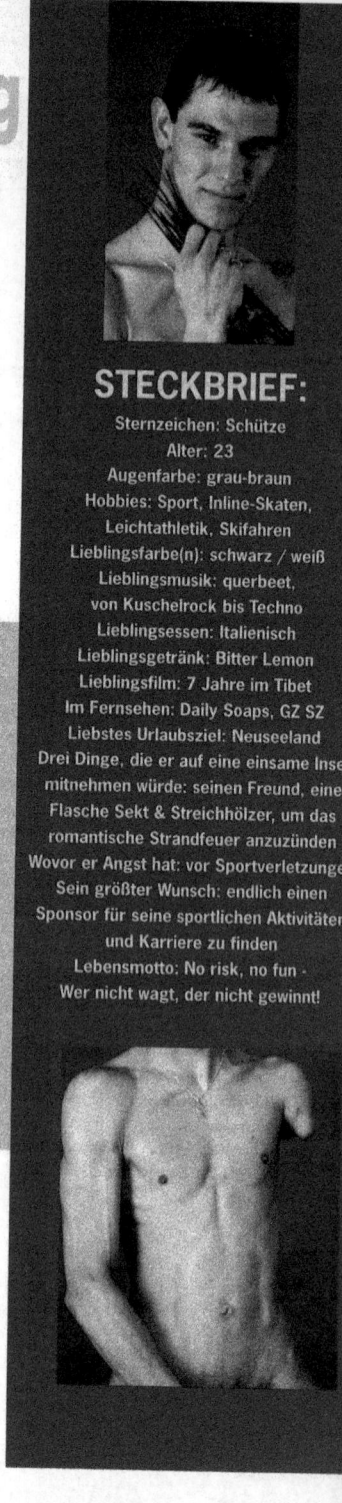

„Ich bin mit 7 Jahren ins Silogebläse gekommen. Bei ca. 20.000 Umdrehungen pro Minute dauert es eine ganze Weile bis zum Stillstand. Beim Auslaufen kam ich mit der linken Hand 'rein, und der Arm wurde oberhalb vom Ellenbogen abgerissen. Später mußte noch viel nachamputiert werden."

Wie war für Dich persönlich die Situation danach? Hast Du große Probleme gehabt, damit fertig zu werden, oder hast Du es als 7jähriger nicht so extrem empfunden?

Reinhold: „Jein, sowohl als auch. Im Krankenhaus habe ich sofort realisiert, was passiert ist und daß ich nur noch einen Arm habe. Ich kann mich noch genau erinnern, daß es zum Beispiel jeden Morgen zum Frühstück ein gekochtes Ei gab. Ich war zwei Wochen im Krankenhaus, und nach einer Woche habe ich zu meiner Mutter gesagt: 'Ich mache dieses Ei selber auf, und ich esse dieses Ei auch selber.' Das habe ich dann auch gemacht. Zwar konnte man das Ei hinterher als solches nicht mehr erkennen, aber ich schaffte es, einiges von dem Inhalt zu essen. Der Rest war über's Bett und über mich ungleichmäßig verteilt. Diese Geschichte war für mich ein Schlüsselerlebnis. Ich habe mir gesagt, ich kämpfe mich durch mein Leben, ich kann, was ich will, egal, in welcher Situation."

Du hast also von Anfang an gleich optimistisch reagiert, hast einen festen Willen gehabt und Dir Ziele gesteckt?

Reinhold: „Ja, wobei es auch immer wieder Rückschläge durch negative Reaktionen von anderen gab. Nach dem Krankenhaus kam ich wieder in die Schule. Meine Klassenkameraden kannten mich nur mit zwei Händen. So positiv, wie die Reaktionen auf der einen Seite waren, so negativ waren sie auf der anderen. Kinder können grausam sein, und 'einarmiger Bandit' war noch eine der harmlosen Hänseleien. Damals hat mir das sehr weh getan, und ich habe mit Trotz, Abwehr und Zurückschlagen reagiert. Zwei, drei Jahre später gab es wieder so eine Art Schlüsselerlebnis für mich. Ein Schüler hatte mich so geärgert, daß ich ihm ein blaues Auge verpaßte. Das tat mir hinterher so leid, und mir wurde bewußt, daß ich meine Probleme in Zukunft nicht mit Gewalt lösen konnte. Ab diesem Moment habe ich mich auch geändert, und statt mit Gewalt habe ich mich dann mit den Leuten verbal auseinandergesetzt."

Wie bist Du eigentlich zum Sport gekommen?

Reinhold: „Ich war natürlich in Therapie, um mit meiner Behinderung klarzukommen. Die ganze Statik im Körper mußte ja komplett umgekrempelt werden. Es war z.B. gar nicht so einfach, mit der anderen Hand schreiben zu lernen. Einige Koordinationsübungen waren im Schwimmbecken, und ich lernte Rückenschwimmen. Vorher konnte ich überhaupt nicht schwimmen. Auf eine Anzeige in der Zeitung: 'Behinderten-Sport sucht behinderte Sportler' schickte mich meine Mutter dorthin. Mir machte es Spaß, und ich lernte weiter schwimmen. Mit 11 Jahren durfte ich dann an der deutschen Schwimmeisterschaft teilnehmen und holte sofort Silber- und zwei Bronze-Medaillen und war im Verein der Superstar. Mit 14 bis 15 zog es mich dann sportlich immer mehr zur Leichtathletik."

- SPORTLICHE ERFOLGE -

■ **1994:** Weltmeisterschaft in Berlin
100 m-Lauf: Platz 11
Weitsprung: Platz 7
4 x 100 m-Staffel: Platz 4
■ **1995:** Paralympics Revival in Duderstadt
Weitsprung: Platz 3
■ **1996:** Internationale Deutsche
Meisterschaft in Schleswig
Hochsprung: Platz 1
Weitsprung: Platz 1
100 m-Lauf: Platz 1
■ **1996:** Sportler des Jahres Nienburg
■ **1997:** Europameisterschaft in Madrid
Hochsprung: Platz 1
Weitsprung: Platz 5
■ **1998:** Landesmeisterschaft in Lüneburg
Hochsprung 1,90 m: Platz 1 - deutscher Rekord
■ **1998:** Deutsche Meisterschaft in Augsburg
Weitsprung 6,29 m: Platz 1 - deutscher Rekord
■ **1998:** Weltmeisterschaft in Birmingham
4 x 100 m-Staffel: Platz 3 - Bronzemedaille

STECKBRIEF:

Sternzeichen: Schütze
Alter: 23
Augenfarbe: grau-braun
Hobbies: Sport, Inline-Skaten,
Leichtathletik, Skifahren
Lieblingsfarbe(n): schwarz / weiß
Lieblingsmusik: querbeet,
von Kuschelrock bis Techno
Lieblingsessen: Italienisch
Lieblingsgetränk: Bitter Lemon
Lieblingsfilm: 7 Jahre im Tibet
Im Fernsehen: Daily Soaps, GZ SZ
Liebstes Urlaubsziel: Neuseeland
Drei Dinge, die er auf eine einsame Insel
mitnehmen würde: seinen Freund, eine
Flasche Sekt & Streichhölzer, um das
romantische Strandfeuer anzuzünden
Wovor er Angst hat: vor Sportverletzunge
Sein größter Wunsch: endlich einen
Sponsor für seine sportlichen Aktivitäten
und Karriere zu finden
Lebensmotto: No risk, no fun -
Wer nicht wagt, der nicht gewinnt!

nd 15 kommen ja sicher auch sexuelle Gefühle
? Wie war das bei Dir? Hast Du immer schwul
den, bzw. wie bist Du eigentlich drauf gekom-
ß Du zum gleichen Geschlecht tendierst?

d: „Früher habe ich sehr viel mit Mädchen ge-
habe auch sehr früh angefangen, so mit 12 bis 13
Mit 13 hatte ich meine große Liebe, und wir waren
usammen. Das ging dann leider auseinander. Bei
sten Freundin merkte ich, daß da einfach etwas
hr stimmt. Damals ging ich zufällig auf 'diese'
weil ich pinkeln mußte. Ich habe auch gepinkelt.
beiden Herren links und rechts neben mir mach-
s ganz anderes. Ich onanierte dann auch, und es
ie eine Art Sucht. Dadurch kam es, daß ich in die-
wulsein' 'reingerutscht bin, wobei ich es mir zu
Zeitpunkt nicht bewußt gemacht habe. Ich habe
mer gedacht, du bist nicht normal, das kann nicht
n, du bist abartig. Meine Eltern hatten mir nie was
rzählt, in keinem Biologiebuch stand was darüber,
mußte plötzlich mit so einer Situation zurecht kom-

st es Dir doch bewußt geworden, daß Dir Sex
nnern gefällt?

ld: „Ja, es war viel schöner als vorher. Bei Mäd-
m für mich nicht so die Resonanz 'rüber. Beim
und bei Zärtlichkeiten wußte ich nie, ob es ihr ge-
ich es richtig mache oder ob ich die richtigen Stel-
hre. Bei Männern war das jetzt viel anders. Ich
spürte die Reaktionen auf meine Zärtlichkeiten.
am z.B. Rückmeldung, ob es ihm gefällt, an der
ngefaßt zu werden. Mir wurde immer klarer, daß
in, wie ich bin: schwul. Zu dieser Zeit wohnten wir
Nähe von Stuttgart. Als ich 18 war, zogen wir dann
orddeutschland, nach Nienburg bei Hannover. Das
 Moment, wo ich mir sagte: 'Ich baue mein Leben
, ich lebe mein Leben so, wie es ich leben möchte.'"
Deine Familie zu dieser Zeit von

n „Schwulsein"?

old: „Nein, da noch nicht. Für mich war es schon eine Belastung, aber ich hatte
ut nicht. Ich suchte erstmal eine feste Beziehung, die ich nicht fand. Und die
auf der Toilette machten es sicher auch heimlich wie ich. Daher kam keine Be-
g zustande, so, wie ich sie wollte und heute mit meinem Freund führe.“

st Du dann in die Szene gekommen?

old: „In Nienburg lernte ich Leute kennen, die mich in die Szene nach Hanno-
tnahmen. Ab diesem Zeitpunkt gab es für mich keine Zweifel mehr. Ich wußte,
 schwul, und ich gehöre dazu. Jetzt versuchte ich auch, es immer öffentlicher zu
n. In ganz normalen Gesprächen wollte ich mich sozusagen 'durch die Blume'
daß ich anders bin als die anderen. Aber meine Signale wurden nicht aufgefan-
s funktionierte nicht so recht. Erst vor knapp 3 Jahren, als mir ein Mädchen, das
nnte, sagte, sie sei ein bißchen bi, traute ich mich endlich mal auszusprechen,
h bin und empfinde. Danach fiel es mir leichter. Der nächste, vor dem ich mich
 war mein Mitbewohner in der WG. Für ihn brach eine Welt zusammen, er hatte
upt keine Ahnung. Jetzt kam mein näheres Umfeld dran, und auf die häufige
'Wie geht's denn deiner Freundin?' konnte ich problemlos antworten: 'Ich habe
Freundin, ich habe einen Freund.' Mittlerweile stehe ich vollkommen dazu. Auch
ner Arbeit ist es kein Geheimnis mehr. Wer mich nicht so akzeptiert, wie ich bin
 meiner Behinderung, b) mit meinem Schwulsein, mit dem möchte ich auch
 zu tun haben.“

an gleich akzeptiert, daß Du schwul bist, oder gab es Leute, die gesagt
: Armer Kerl, hat nur einen Arm, jetzt ist er auch noch schwul?

old: „Nein, denn das Eine hat mit dem Anderen nichts zu tun. Die Leute sehen

**„Auf die häufige Frage: 'Wie geht's denn deiner Freundin?'
konnte ich problemlos antworten: 'Ich habe keine Freundin,
ich habe einen Freund.' Mittlerweile stehe ich vollkommen
dazu. Auch in meiner Arbeit ist es kein Geheimnis mehr.
Wer mich nicht so akzeptiert, wie ich bin a) mit meiner
Behinderung, b) mit meinem Schwulsein, mit dem möchte ich
auch nichts zu tun haben.“**

mich als vollwertige Person an, und die Resonanz auf mein Outing war ehrliche Akzeptanz.“
**Du gehst ja sicher ab und zu in die Szene?
Gays, Szene, Eitelkeit ist schlecht trennbar,
und viele schwule Männer stehen ja am liebsten vor dem Spiegel. Jeder will der Schönste
sein. Hast Du mit Deiner Behinderung Probleme in der Szene?
Oder hast Du das Gefühl, daß man Dich anders behandelt, als wenn Du zwei Arme hät-
test? Hast Du vielleicht schon mal negative Erfahrungen gemacht, wenn Dich jemand an-
gebaggert hat, gemerkt hat, daß Dir ein Arm
fehlt und mit irgendeiner blöden Ausrede dann
nichts mehr von Dir wollte?**
Reinhold: „Negative Erfahrungen habe ich überhaupt nicht gemacht. Ich glaube, daß ich ein gutes Selbstvertrauen ausstrahle und auch meine
Körpersprache von den anderen verstanden wird.
Dabei ist die Behinderung völlig nebensächlich.
Viele sehen es einfach nicht. Die meisten Leute
in der Szene sind oberflächlich und schauen so-
wieso erst auf den Arsch, dann ins Gesicht ▷

Bei meinen Vorbereitungen zu unserem Treffen habe ich ganz andere Dinge in das Thema ‚Behinderte' interpretiert und unterstellt, die überhaupt nicht zutreffen. Auch war bei mir im Hinterstübchen die Mitleidsschnur installiert, und ich habe mir überlegt, wann ich sie ziehen muß. Wunderbar, so was braucht man nicht, wieder mal eine neue, positive Erfahrung für mich. – Ich möchte mich noch mal ganz herzlich für Deinen Mut und Deine Offenheit bedanken. Ich hoffe, dass viele dieses Interview lesen, in Zukunft anders mit dem Thema ‚körperbehindert' umgehen."
Die Reaktion auf das Interview war positiv. Ich habe einige Bitten um Autogramme bekommen, eine Reihe Zuspruchbriefe, aber auch Post von Behindertenfetischisten.

In dem Artikel *Das unsichtbare Handicap: Über die gleichgeschlechtliche Liebe von Menschen mit Behinderung* in der Zeitschrift *Handicap* 3/2004 (S. 130–133) komme ich unter dem Pseudonym Marc vor; denn verglichen mit den anderen gleichgeschlechtlich empfindenden Behinderten, die in dem Artikel zu Wort kommen, war ich als „nur" Armamputierter in einer positiven Ausnahmesituation.

Im Sport vermeide ich im Verhältnis zu Athleten und Trainern alles, was sexuell verstanden werden könnte – nicht zuletzt auch deshalb, weil das Umfeld heute längst nicht mehr so liberal ist, wie es noch vor ein paar Jahren um die Jahrtausendwende war.
Ist der Sport schwulenfeindlich? Im öffentlichen Diskurs wird Homosexualität im Sport weitestgehend ausgeklammert, auch wenn dies im Fußball sicherlich rigoroser als in der Leichtathletik geschieht. Das Hauptproblem im Sport sind dabei die Fans, insbesondere die Machotypen, aber auch die weiblichen Teenies, die Führungen der Vereine mit ihren Funktionären und Sponsoren sowie die Tatsache, dass insbesondere Fußball ein hartes Geschäft mit hohem Konkurrenzdruck ist. Das geringste Problem bei der Homosexuellenthematik sind die Mannschaften bzw. die aktiven

Athleten. Dass Profifußballer und andere männliche Profiathleten nach hartem Training, nach aufreibenden Spielen oder Wettkämpfen nicht mit ihren schwulen Kollegen duschen würden, ist ein Scheinproblem, das es in der Praxis nicht gibt und medialer Skandalisierung entspringt.

Das Ideal der Fans, der Funktionäre und Sponsoren ist der Sportler ohne Manko, und das heißt der heterosexuelle, nicht gehandicapte Athlet. Und ist ein Profisportler schwul, dann soll er das gefälligst verbergen, mit einer Lebensabschnittsgefährtin kaschieren.

Nun, im Bereich der Leichtathletik sieht das etwas anders als im Fußball aus. Die Verbandsführung weiß, dass ich schwul bin. Dennoch bin ich – ähnlich wie Corny Littmann für den Fußball – der Ansicht, dass sich auch in der Leichtathletik schwule Sportler und lesbische Athletinnen nicht outen sollten, um Diskriminierungen aus sexuellen Gründen auszuschließen. Ich kenne lesbische und schwule gehandicapte Athleten und Sportlerinnen. Ihr Outing aber erfolgte erst nach dem Ende ihrer Karriere. Der Umgang mit unserer Homosexualität ist eine Gratwanderung, die gut enden, bei der man aber auch abstürzen kann.

Selbstverständlich unterstütze ich alle Initiativen, die den Kampf gegen Homophobie auf ihre Fahnen geschrieben haben. Meine Sympathien gehören deshalb der von skandinavischen lesbischen Sportlerinnen und schwulen Sportlern im Jahr 2017 auf den Weg gebrachten Kampagne *Sportler kämpfen gegen Homophobie: „Keine Toleranz für Intoleranz"*[1].

Schon 1999 hatte Manfred Schür zusammen mit dem oben erwähnten Interview vier Aktaufnahmen von mir veröffentlicht. Ich bin etwas eitel und stolz auf meinen sportlich durchtrainierten, schlanken Körper und wollte mit diesen Aufnahmen zeigen,

---

[1] (http://www.eurosport.de/alle-sportarten/bergqvist-karlsson-und-co.-sportler-kampf gegen-homophobie_sto6411936/story.shtml).

dass ein körperlich behinderter Mann schön und erotisch anziehend sein kann.

Kurz danach – im Jahr 2003 – stellte ich mich zusammen mit Gerd Schönfelder und Georg Meyer der Berliner Werbeagentur TBWA und deren Projektleiter Jürgen Michalski und dem Behindertensportverband Berlin für die Kampagne *Beautiful Bodies/ Schöne Körper* zur Verfügung. Die Aufnahmen von mir erschienen in der Zeitschrift *Handicap* 2/2003 (S. 22f.) und in *Max* Mai 2003 (S. 140–144), in der luxemburgischen Publikation *All verschidden, all d'selwecht* des Ministère de la Famille Luxembourg sowie auf dem Werbe- und Informationsfaltblatt der *Fachmesse für Integration, Mobilität, Pflege, Rehabilitation REHA fair* Berlin vom 2. bis 4. September 2004.

In dem Artikel „Nackte Tatsachen für den Behindertensport: *Schöne Körper*" in der Zeitschrift *Handicap* heißt es: „Die schlanken und muskelgestählten Körper der beiden Hochspringer und des Skiasses wirken durch die imposant dunkle Farbgebung und aus dem Hintergrund pointiert eingesetzte Beleuchtungseffekte monumental (ein wenig à la Riefenstahl) und sehr erotisch. Das Handicap ist deutlich zu sehen, integriert sich aber harmonisch in die Gesamtkomposition." Diese wird von dem Projektleiter Michalski folgendermaßen beschrieben: „Wir möchten mit unserer Arbeit für den Behindertensportverband dazu beitragen, dass behinderte Sportler und ihre Leistungen in der breiten Öffentlichkeit neu und mit mehr Respekt wahrgenommen werden. Die Idee ist denkbar einfach: Auch der Körper eines behinderten Sportlers kann sehr schön, attraktiv und begehrenswert sein."
David Baum hebt die mir wenig angenehme Riefenstahl-Assoziation bzw. Riefenstahl-Konnotation schon im Titel seines Beitrags in der Zeitschrift *Max* hervor: *Triumph des Willens – In einer neuen Kampagne präsentieren sich behinderte Sportler als Schönheitsideal. MAX porträtiert die Protagonisten.*

Im selben Jahr, also 2003, war ich Gast einer Veranstaltung zum Thema *Briser les barrières* (Barrieren/Schranken/Hindernisse überwinden/aufbrechen), die das Luxemburger Comité Olympique veranstaltet hatte und das unter der Schirmherrschaft der Ministerin für Familie, soziale Solidarität und Jugend des Großherzogtums stand. In der Publikation *All verschidden, all d'selwecht* (Alle verschieden, alle gleich) aus dem Jahr 2003 werde ich in dem Artikel *Leichtathlet Reinhold Bötzel über seinen Körper und seinen Sport* (S. 9–11) vorgestellt. Angesprochen auf die Kampagne *Schöne Körper*, zu der ich kurz zuvor auch von dem ZDF-Moderator Johannes B. Kerner angesprochen worden war, antwortete ich: „Diese Kampagne soll die Öffentlichkeit sensibilisieren, aber auch provozieren. Wir leben in einer Welt, in der uns gesagt wird, was die Norm ist – auch wie ein ,normaler' Körper auszusehen hat. Mein Körper entspricht nicht dieser Norm. Trotzdem bin ich ein ,normaler' Mensch. Ich fühle mich nicht anders und auch nicht behindert. Ich kann mit meinem fehlenden Arm sehr gut umgehen. Nur andere Menschen haben Probleme damit." Diese Antwort korrespondiert mit einer anderen Passage in diesem Artikel: „Ich versuche, durch meinen Sport anderen zu zeigen: Es gibt jemanden mit ähnlichem Schicksal, der sein Leben durch den Sport erfolgreich gestaltet hat." Das ist meine Botschaft.

Schließlich möchte ich noch meine Beteiligung am *Handicap-Modelteam* erwähnen, für das ich mich – angezogen – in unterschiedlichen Positionen und Kleidungsstücken ablichten ließ.

Links: Aktfoto für Werbekampagne
‚Schöne Körper‘ 2002 des Berliner Sport-
verband, Fotograf Andreas H. Bitesnich

Oben: Hochsprung im Bückeburger
Schloss für BSN-Kalender 2008 ‚Art of
Challenge‘, Fotograf Marc Theis

Sport ist (mein) Leben

Üblicherweise wirke ich auf Menschen positiv. Ich gehe auf sie zu, und viele finden mich attraktiv trotz meiner Behinderung. Meine Freunde, insbesondere auch die vom Skifahren, nehmen mich, wie ich bin, und integrieren mich in ihren Kreis.

Ich halte mich für einen weitgehend ausgeglichenen Menschen, mag keinen Streit. Ich habe im Leben schon so viele Narben erhalten, dass ich ihnen keine neuen hinzufügen möchte. Von meiner Einstellung her bin ich liberal, aber wer das partout nicht sein will, von dem distanziere ich mich. Ich versuche, meine Bekannten und Freunde zu halten, und vermeide Brüche. Kommt es zu Differenzen, werden sie aus einem inneren Kreis der Freundschaft in einen äußeren verlagert.

Leider bin ich nicht frei von depressiven Phasen, die ich zu kompensieren suche. Ihre Ursachen liegen vor allem darin, dass ich mich sportlich und beruflich unter Druck setze durch die Ziele, die ich mir auferlege, und dass ich mich dadurch oft überfordere.

Frau Schmoller hat mir in Bad Boll das Tor zu einer für mich neuen Welt aufgestoßen, als sie dem kleinen Pummel mit nur einem Arm das Schwimmen beibrachte. Seither ist Sport ein wesentlicher, vielleicht der wesentlichste Teil meines Lebens und dauerhafter Bestandteil meines Alltags. Sport ist meine Erfüllung. Ich bin geradezu sportsüchtig geworden. Sport ist ein Stabilitätsfaktor; er hat meinen Ehrgeiz geweckt und trug bzw. trägt dazu bei, Selbstbewusstsein aufzubauen und zu bewahren, in der Öffentlichkeit erfolgreicher zu agieren, als man dies im Beruf kann, und damit auch Vorbild zu sein für Menschen, denen es ähnlich geht wie mir.

Als Bonmot sage ich bisweilen: Ich denke nicht über Sport nach – ich betreibe ihn. Aber das stimmt nicht, denn ich denke über das, was ich im Sport tue, durchaus nach, setze mich mit seiner Rolle in der Gesellschaft auseinander.

Für mich ist Sport konzentrierte Bewegung jeglicher Art – auch Schach gehört dazu, obwohl viele meinen, dass dies kein Sport sei. Doch Sport verlangt geistige Beweglichkeit und geistige Arbeit, wenn es nicht nur ein bisschen Hüpfen und „Den-Ball-hin-und-her-Schieben" sein soll. Leistungssport ist nicht nur körperlich, sondern auch geistig Schwerstarbeit.

Ich bin sportlich ein Allrounder. Außer in meiner Favorit-Sportart Hochsprung habe ich, wie oben erwähnt, Leistungssport im Bereich Schwimmen und Skirennen sowie in den Leichtathletikdisziplinen Weitsprung und Laufen betrieben.

Darüber hinaus habe ich zahlreiche sportliche Hobbys, z. B. spiele ich Tennis; ich rudere beim Schwul-Lesbischen Sportverein (SLS) Leinebagger Hannover, laufe gerne Schlittschuh, snowboarde, schnorchle, springe mit dem Fallschirm aus 3 000 Metern Höhe, liebe Badminton, Basketball, Wasserski, Turmspringen, Hochgebirgswandern, Inlineskating, Aggressive Inlineskating (Halfpipe und Street), Bungeespringen, Segelfliegen, bin in Neuseeland im offenen Meer mit Delfinen geschwommen. Alles das mache ich gerne – aber nicht nur weil mir Sport generell Freude macht, sondern auch als einen notwendigen Ausgleich für das Hochsprungtraining mit seinen sich ständig wiederholenden Trainingseinheiten und Bewegungsabläufen.

Ich tanze gerne, habe das aber nie gelernt und möchte das nachholen. Lernen will ich auch Golfspielen. Besonders oft und gern fahre ich mit dem Fahrrad. An meinem Fahrrad sind technische Veränderungen vorgenommen worden: der Schalthebel befindet sich auf der rechten Seite, und beim Bremsen werden Vorder- und Hinterrad gleichzeitig gebremst.

Wäre ich nicht einarmig, hätte ich mich dem Motorradsport gewidmet – und wäre sicherlich schon tot, weil ich mich dem Geschwindigkeitsrausch hingegeben hätte. 2019 habe ich mit dem Kitesurfen begonnen, dessen nicht ungefährliche Anforderungen an die Körperbeherrschung in Extremsituationen mich reizen.

Viel Respekt habe ich vor dem Reiten. Ich liebe Pferde, aber seit in meiner Kindheit ein Pferd vor mir hochgestiegen war, hatte ich Angst vor diesen schönen und klugen Tieren. Erst 2011 habe ich diese Angst überwinden können und bin auf einem Pferdehof in der Nähe von Herford zum ersten Mal geritten. Das zweite Mal habe ich es am 22. September 2017 auf dem Reitplatz in Tweng getan. So ganz geheuer war mir dabei zunächst nicht, aber das Trauma scheint überwunden zu sein, was ein neuerlicher Ritt in Tweng ein Jahr später belegt.

Ein Kuriosum ist die *Taufurkunde*, die ich am 25. September 2005 nach einer 65 Minuten dauernden Heißluftballonfahrt in 900 Metern Höhe über 15 Kilometer vom Ballonsportteam Hannover erhielt. Diese Urkunde lautet:

„Ehre dem, der alles hat geschaffen,
er schuf als schönsten Teil der Welt
für uns das weite Himmelszelt.
Er hat das Feuer uns gegeben,
mit dessen Kraft wir uns erheben
und über Berg und Täler schweben.

Taufurkunde

Reinhold Bötzel
wurde nach einer Fahrt im Korb des Heißluftballons
D – OGBH
nach alter und überlieferter Sitte mit Feuer und Sekt getauft auf den
Namen

Herzog Reinhold, der Begeisterte, über den Dächern von Hainholz da-
hinfahrend zur Landung bei Altenhorst.

Und in den Adelsstand der Ballonfahrer erhoben.

Auszug aus dem Bordbuch:

Pilot		*R. Dankenbrink*
Fahrtdauer	*65 min*	
Startplatz:		*Hann.-Waterloopl.*
Fahrtstrecke	*15 km*	
Landeplatz:		*Altenhorst*
Höchsthöhe	*900 m*	

Altenhorst, d. 25.9.2005"

Nationale und internationale Erfolge
– und Niederlagen – als Parasportler

Wie das Schwimmen und das Skifahren zu meiner Württemberger Heimat, so gehört der Hochsprung als Favorit-Sportart für
mich zu Nienburg, Wunstorf und zu meinem Leben in der niedersächsischen Landeshauptstadt.

In Nienburg schloss ich mich dem NBS an und startete für diesen
Verein auch von Wunstorf und Hannover aus. Das änderte sich
zum Jahreswechsel 2009/2010 wegen massiver Differenzen mit
dem Sportreferenten und der Leitung des Behindertensportverbandes Niedersachsen (BSN). Dabei ging es um die Verteilung
von Fördergeldern vor den 14. Sommer-Paralympics in London,
bei der ich übergangen worden war. Ein Vermittlungsgespräch
mit Funktionären des BSN führte zu folgendem Ergebnis: Wenn
ich die Nominierung für die International Wheelchair and Amputee Sports World Games (IWAS World Games) in Bangalore (Indi-
en) 2009 erreichte, würde ich finanziell gefördert. Als meine Nominierung erreicht und erfolgt war, wurde diese Zusage nicht
eingehalten, weil sie nicht schriftlich festgehalten worden war.
Daraufhin wechselte ich zum TuS Rot-Weiß Koblenz und dem
Behindertensportverband Rheinland-Pfalz (BSV-RLP), obwohl
ich gerne beim NBS geblieben wäre. Eine andere Option war ein
entsprechender Sportverein in Berlin. Die Entscheidung für TuS
Rot-Weiß Koblenz halte ich nach wie vor für sehr gut, weil ich
dort Wertschätzung erfahre und Gleichberechtigung von Olym-
pioniken und Paralympioniken begegne.

Bis 2002 war ich überdies beim TuS Wunstorf, und seit Anfang
2002 bin ich Mitglied des Vereins für Leibesübungen (VfL) Eintracht Hannover von 1848 e.V. und bei Vereinen des niedersächsischen Nichtbehindertensportverbandes LSB, für den ich ebenfalls
starte.

Bis zu meiner Übersiedlung nach Nienburg hatte ich schon an überregionalen Wettkämpfen teilgenommen – so 1985 in Lübeck und 1989 in Miami im Schwimmen, 1990 in Rottweil in Leichtathletik und 1994 in Bischofshofen im Skifahren. Noch in meiner Heimat bin ich 1993 als jüngstes Mitglied in die Leichtathletik-Nationalmannschaft aufgenommen worden. 1995 gehörte ich sowohl zum B-Kader der Leichtathletik-Nationalmannschaft als auch zum Ski-Bundeskader.

Von Nienburg aus begann ich nun neben der nationalen auch eine internationale Karriere als Sportler: 1994 nahm ich als Achtzehnjähriger an den Behinderten-Weltmeisterschaften im Berliner Olympiastadion teil, und zwar im Weitsprung, Hundertmeterlauf und in der 4-mal-100-Meter-Staffel. Im Hundertmeterlauf wurde ich Elfter, im Weitsprung belegte ich den siebenten und in der 4-mal-100-Meter-Staffel den vierten Platz. Beim Paralympics Revival in Duderstadt im Jahr 1995 wurde ich im Weitsprung Dritter. Die Qualifikation für die Paralympics in Atlanta verfehlte ich, da ich beim Weitsprung zweimal „übergetreten" war und weil dort der Hochsprung als Disziplin aus dem Programm genommen war. Erfolge einerseits und andererseits Misserfolg, Scheitern und Enttäuschungen liegen beim Sport oft dicht beieinander. Ein Sportler muss damit fertigwerden oder seine Karriere beenden. Dass ich die Qualifikation für die Paralympics nicht erreicht hatte, schmerzte ebenso wie eine Knochenhautreizung, die meine Leistungsfähigkeit einschränkte. Immer wieder haben mich auch Erkältungen, vor allem aber Verletzungen zurückgeworfen wie zuletzt ein Muskelfaserriss drei Tage vor dem Hochsprungwettkampf während der Para-Leichtathletik-Europameisterschaften im August 2018 in Berlin.

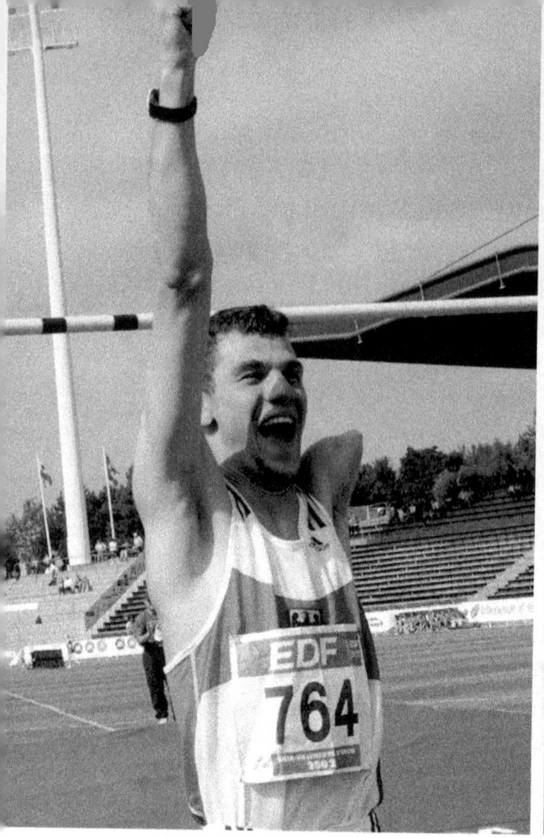
EDF
764

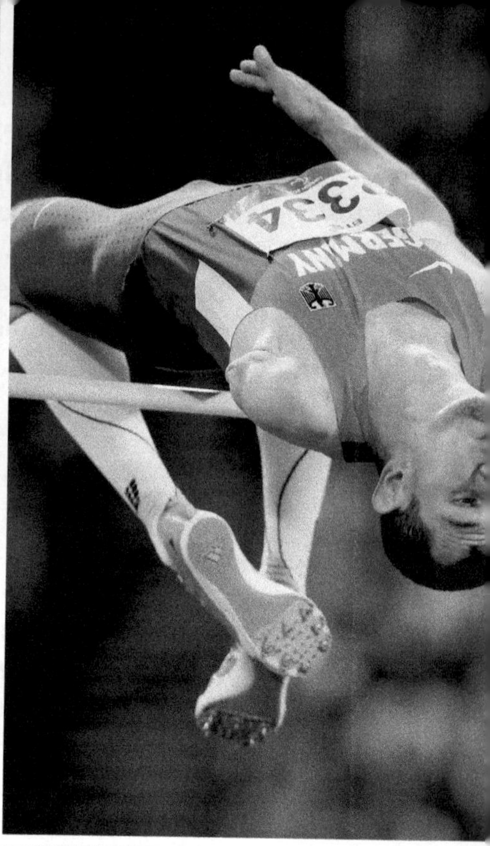
334

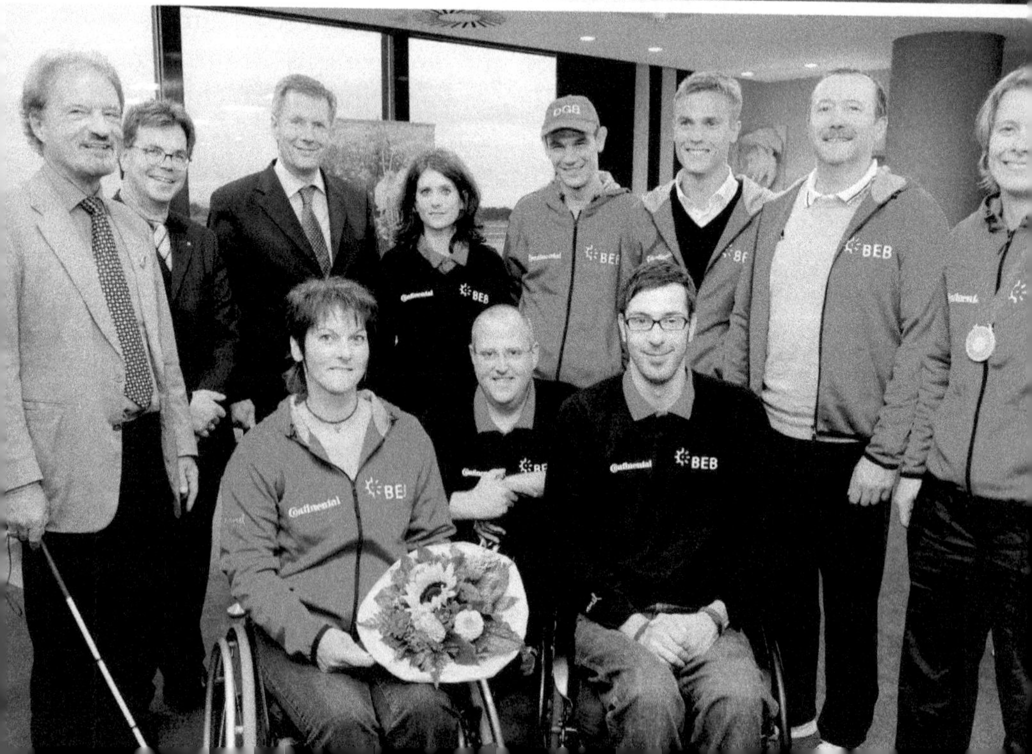
DGB
BEB
Continental

Oben links S. 70:
lochsprung-Weltrekord 2002 in Lille 1,97 m (Weltrekordhalter bis 6), picture-alliance/dpa (Francois Lo Presti)

Oben rechts: S. 70:
ochsprung bei Paralympics 2012 in London, ture-alliance/Associated Press (Matt Dunham)

Unten S. 70:
Empfang durch Ministerpräsident Christian Wulff in nnover bei Ankunft der niedersächsischen Teilnehmer nach den Paralympics in Peking 2008, picture-alliance/dpa (Peter Steffen)

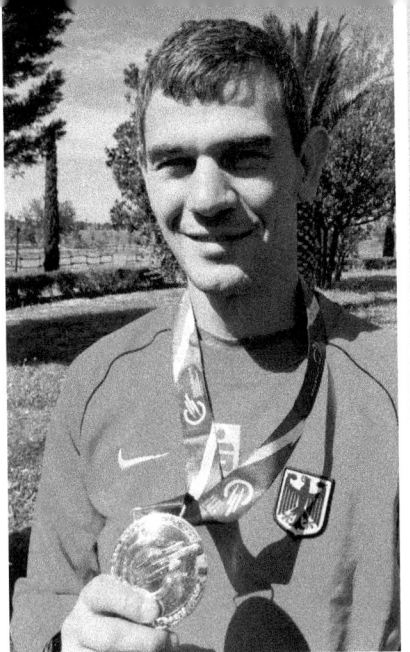

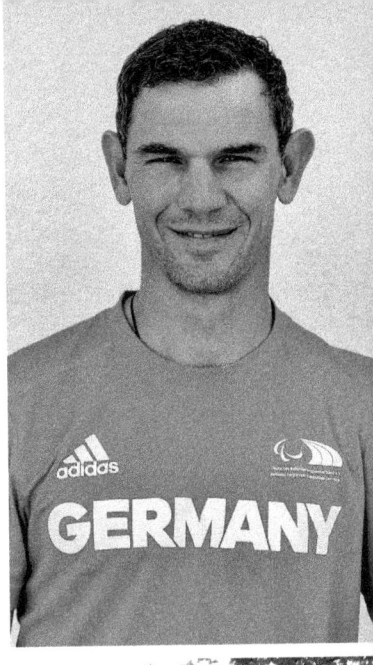

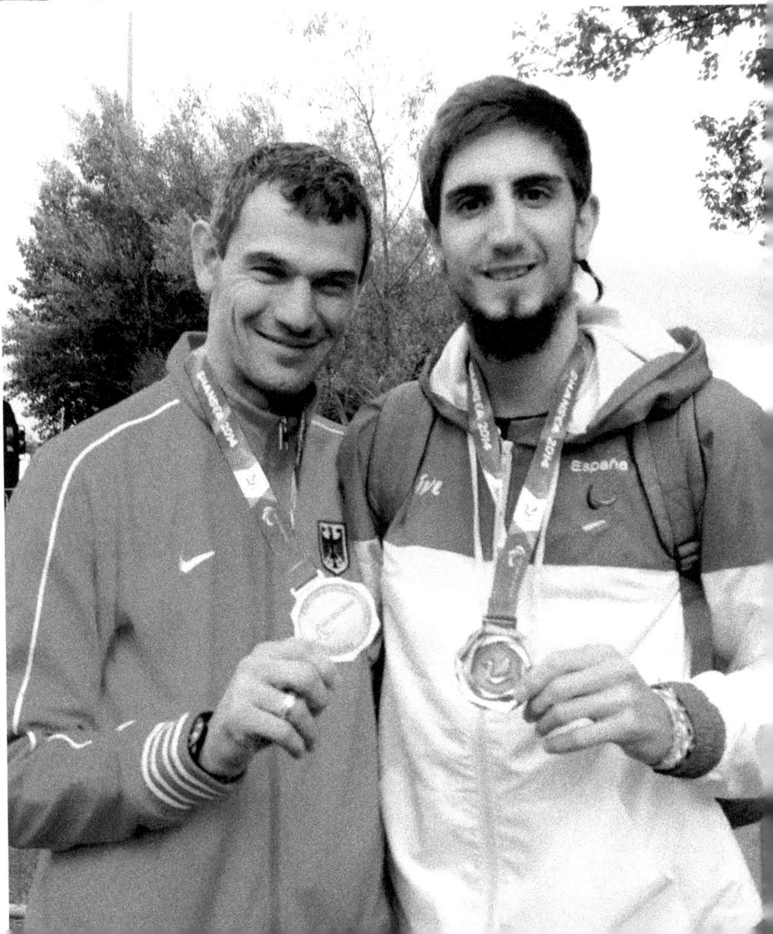

Oben links:
ilber-Medaille, Erfolg bei PC Europameisterschaften in Grosseto 2016

Oben rechts:
Trainings-Portrait im Germany-Outfit 2018, Fotograf Michael Pogoda

Unten:
Swansea-IPC-EM 2014 Gold im Duo mit Silber-ledaillengewinner Daniel Perez Martinez

Oben/Unten:
Anlauf zum Sprung und
Sprung, IPC Europameister-
schaften 2016 in Grosseto,
Fotograf Marcus Hartmann

Oben: S. 73:
Emotion in Rio 2016: Jaaa,
Sprunghöhe geschafft,
Fotograf Ralf Kuckuck

Unten links S. 73:
Hochsprung bei Paralympics
2016 in Rio,
picture-alliance/dpa (Bob
Martin - Ois/Ioc)

Unten rechts S. 73:
Alles ok, zufrieden in Rio 2016,
Fotograf Ralf Kuckuck

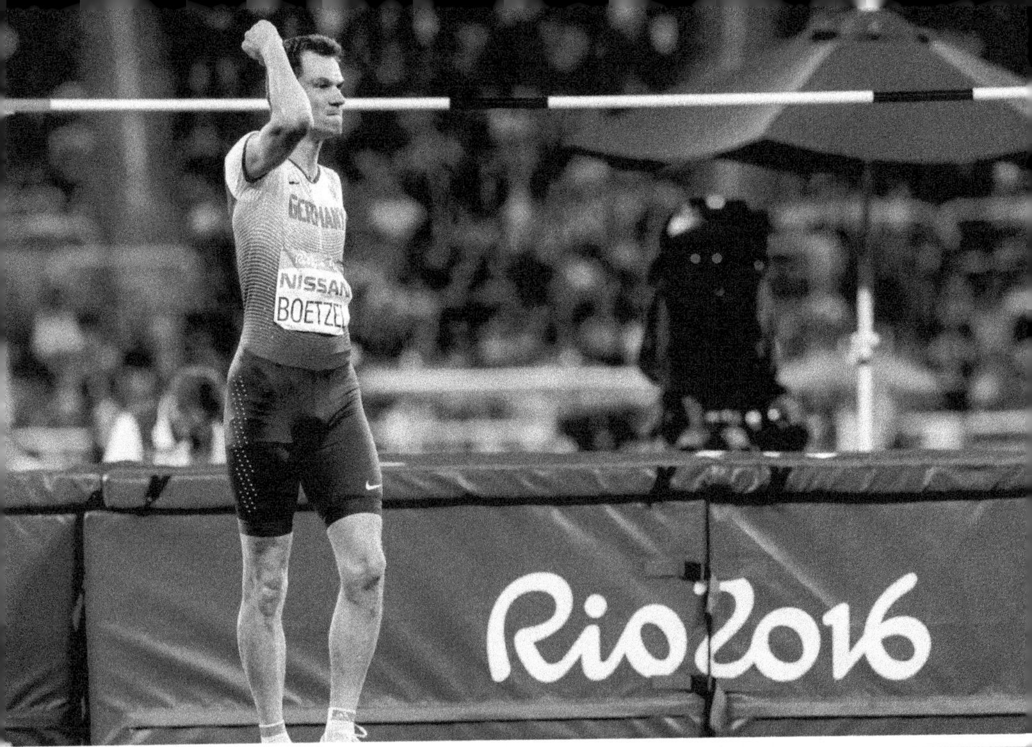
GERMANY
NISSAN
BOETZEL
Rio2016

GERMANY
NISSAN
BOETZEL

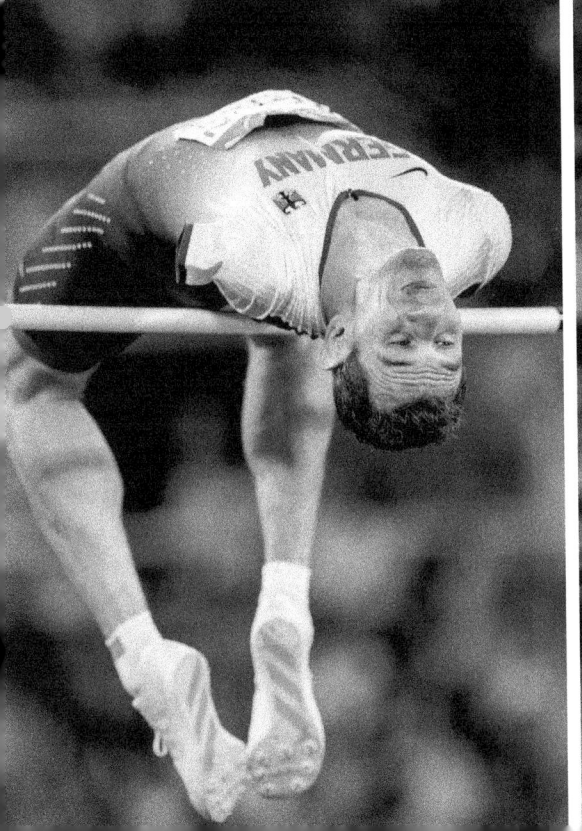

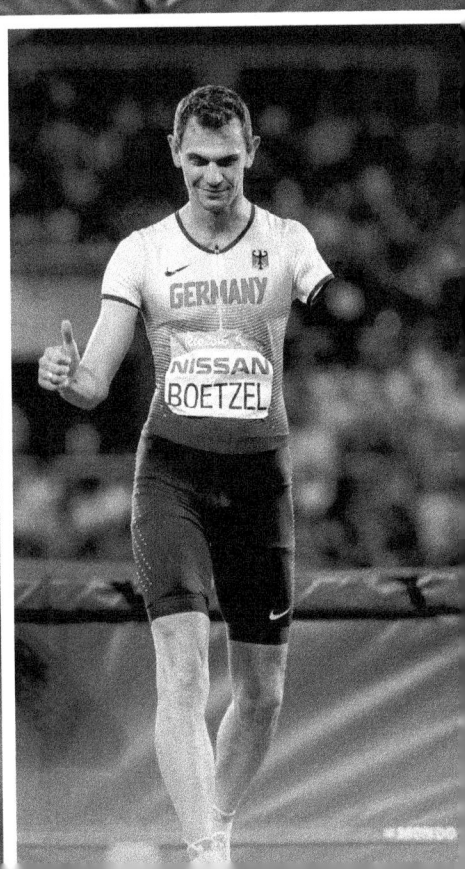

1996 feierte ich bei der Internationalen Deutschen Meisterschaft in Schleswig einen Dreifacherfolg mit jeweils dem ersten Platz im Hochsprung, im Weitsprung und im Hundertmeterlauf. Daraufhin wählten mich die Leser der Nienburger Tageszeitung *Die Harke* zum Sportler des Jahres. Bei den Europameisterschaften in Madrid 1997 belegte ich im Hochsprung den ersten, im Weitsprung den fünften Platz. Für die Teilnahme an diesen Europameisterschaften hatte sich insbesondere auch der damalige Bundestrainer Ralf Otto eingesetzt.

Hatte ich in Madrid im Hochsprung 1,77 Meter geschafft, so erreichte ich bei der Internationalen Deutschen Meisterschaft in Salzgitter mit 1,81 Meter den ersten Platz. *Die Harke* schrieb zu dieser Leistungssteigerung: „ ‚Und da war noch viel Luft zur Latte‘, staunte der 22jährige Auszubildende zum Einzelhandelskaufmann beim Betrachten eines Fotos vom Siegersprung. Ein deutliches Indiz dafür, dass die Zusammenarbeit mit dem früheren Hochsprung-As Gerd Nagel [* 1957] in Sulingen Früchte trägt. Weshalb sich der gebürtige Schwabe im Hinblick auf die kommende Saison in seiner Trainingsarbeit jetzt auch komplett auf diese Disziplin konzentriert."

Bei der Bahneröffnung in Wunstorf 1998 schaffte ich 1,85 Meter im Hochsprung und 6,19 Meter im Weitsprung. Während der 1998 in Lüneburg stattfindenden Landesmeisterschaften sprang ich im Hochsprung mit 1,90 Meter einen deutschen Rekord und wurde Sieger dieses Wettkampfes. Hierüber heißt es in einem Zeitungsartikel: „Sonnabend, kurz nach Mittag, Sportplatz des MTV Treubund. Der Nienburger Reinhold Bötzel versucht sich dreimal am Weltrekord im Hochsprung, scheitert dreimal knapp. 1,93 Meter sind an diesem Tag zu hoch für den 22jährigen, aber die 1,90 Meter, die er vorher übersprungen hat, bedeuten Deutschen Rekord, bringen ihm den Titel in der Klasse der Oberarmamputierten bei den Leichtathletik-Landesmeisterschaften der Behinderten […].

Behindertensportler des Jahres in Nienburg
(mehrfach in der ersten 2000'er Jahren)

Ex-Weltklassespringer Gerd Nagel (Bestleistung 2,36 Meter) ist seit drei Jahren Trainer von Reinhold Bötzel, der im Alter von sieben Jahren bei einem Unfall seinen linken Arm verlor. ‚Das Problem vieler Behinderter ist, daß sie sich verstecken. Das ist nicht richtig', sagt Bötzel voller Überzeugung, spricht damit den Verantwortlichen beim Tag des Behindertensports aus der Seele. Bötzel, Lehrling in einem Nienburger Sportartikelgeschäft, wurde mit 5,92 Meter auch noch Landesmeister im Weitsprung. ‚Aber ich habe mich vor eineinhalb Jahren auf den Hochsprung spezialisiert, Weitsprung und 100 Meter mache ich nebenbei', erklärte der schlaksige junge Mann."

Bei den Deutschen Meisterschaften in Augsburg im selben Jahr erreichte ich mit 6,29 Meter im Weitsprung erneut einen deutschen Rekord und den ersten Platz. *Die Harke* berichtete: „Zwei Wochen vor der Weltmeisterschaft präsentiert sich Reinhold Bötzel in absoluter Topform. Der Leichtathlet vom Verein Nienburger Behindertensport holte bei den Deutschen Meisterschaften in Augsburg drei Goldmedaillen, verbesserte den Deutschen Rekord im Weitsprung und scheiterte nur knapp an der Verbesserung seiner eigenen Deutschen Bestleistung im Hochsprung. Nach einem verpatzten ersten Sprung lief im zweiten Versuch alles glatt: Erst bei 6,29 Meter landete der Nienburger und verbesserte damit die alte Bestmarke um acht Zentimeter. [...] Nach diesem Triumph präsentierte sich das Kreis-Nienburger Aushängeschild locker und konzentriert im Hochsprung. Problemlos arbeitete er sich an die Höhe von 1,86 m heran, die er bereits im ersten Versuch bewältigte. [...] Als Sahnehäubchen gab's für den Weserstädter noch die dritte Goldmedaille. Mit der Nationalmannschaft siegte Bötzel über 4 × 100 m; mit diesem Team wird er auch bei der Weltmeisterschaft in Birmingham an den Start gehen [...]."

Und dann nahm ich im selben Jahr an der Weltmeisterschaft in Birmingham teil und erhielt dort in der 4-mal-100-Meter-Staffel eine Bronzemedaille. Hierzu heißt es in *REPORT* – Magazin des

Fördervereins Handicap Top – Team Leichtathletik e. V. zum 15. August 1998: „Vor den immer größer werdenden Starterfeldern bei den Armbehinderten und den Unterschenkelamputierten profitieren nun auch die Staffeln. Gleich 12 Staffeln nahmen den Kampf um die Medaillen auf. Nach den etwas verpatzten Einzelwettbewerben wollten sich Meyer, Jovanovic, Bötzel und Horn nun so teuer wie möglich verkaufen. […] Im ersten Vorlauf belegte die Staffel hinter dem Favoriten Australien und Spanien mit einem neuen Deutschen Rekord von 47,49 Sekunden Platz 3 und erreichte das Finale. […] Im Finale passierte es dann. Die Australier verloren ihren Stab schon beim ersten Wechsel. Nun war der Weg frei für die deutsche Staffel. Hinter den Franzosen und den Spaniern sicherte sich die junge Staffel die Bronzemedaille und verbesserte den Deutschen Rekord erneut um zwei Hundertstel. Schlussläufer Georg Meyer brachte den Stab mit einem Jubelsprung ins Ziel. Die Freude in der gesamten deutschen Mannschaft war nach diesem Erfolg groß wie selten zuvor bei dieser Weltmeisterschaft. Doch nach Sydney ist es noch ein weiter Weg für die Staffel."

Das alles war eigentlich keine schlechte Erfolgsbilanz, für die ich in Nienburg Sportler des Jahres 1998 wurde, einen persönlichen Gratulationsbrief des Nienburger Bürgermeisters Brieber erhielt und mich in das Gästebuch der Stadt Nienburg eintragen durfte.

Auch 1999 war sportlich kein erfolgloses Jahr: Bei den Niedersächsischen Landesmeisterschaften in Steyerberg (bei Nienburg) belegte ich im Weitsprung mit 5,76 Meter den ersten Platz, bei den Deutschen Meisterschaften in Schwetzingen erreichte ich im Hochsprung mit 1,90 Meter einen deutschen Rekord und den ersten Platz; im Weitsprung wurde ich mit 5,86 Meter Zweiter. Den zweiten Platz im Hochsprung belegte ich sowohl beim Paralympics Revival in Duderstadt mit 1,84 Meter als auch bei den Australischen Meisterschaften in Sydney mit 1,80 Meter, während ich dort mit 5,84 Meter Erster im Weitsprung wurde.

Dennoch geriet ich 1999 in eine sportliche – und damit auch persönliche – Krise: Wirklich bedeutende internationale Erfolge waren ausgeblieben. Trotz großer Motivation stagnierte ich leistungsmäßig. Wenn ich damals jemandem begegnet wäre, der mich sportlich und gleichzeitig bildungsmäßig gefordert und mich beispielsweise veranlasst hätte, den Realschulabschluss und das Abitur nachzuholen, und der mir auf diesem Wege eine Hilfe gewesen wäre, dann machte ich heute vermutlich keinen Leistungssport mehr. Doch dann wies mich einer meiner Mitbewohner in der Nienburger WG auf einen Zeitungsartikel über Eike Onnen als Deutschen Jugendmeister im Hochsprung hin. Trainiert worden war er von seiner Mutter Astrid Fredebold-Onnen (* 1956). Ein Kontakt zu ihr ergab sich zufällig, als sie wegen eines defekten Spikes in die Sportabteilung des Wunstorfer Kaufhauses Kastendieck, die von mir betreut wurde, gekommen war. Nach einigen Gesprächen wurde sie im Oktober 1999 meine Hochsprungtrainerin. Von Astrid Fredebold-Onnen trainiert und betreut, ging ich mit viel Elan, Mut und Zuversicht erneut an die Arbeit.

Für jeden Leistungssportler und jede Leistungssportlerin ist ein guter Trainer bzw. eine gute Trainerin unerlässlich. Diese unterstützen die Athleten beim Training, erstellen die Trainingspläne, optimieren die Bewegungsabläufe der Athleten, greifen korrigierend ein, achten darauf, dass die Sportler keinen unnötigen Belastungen ausgesetzt sind und sich nicht unter Druck setzen. Sie motivieren die Athleten, wenn das nötig ist, vermeiden aber Übermotivation, begleiten sie zu Wettkämpfen, achten auch auf ihre Lebensführung (Alkohol- und Tabakkonsum, Ruhepausen). Trainer und Trainerin müssen alles daransetzen, dass ihre Schützlinge den Flow erleben, der im Wettkampf erst Höchstleistungen ermöglicht. Folgende Faktoren führen zum Flow: „eine positive Einstellung; die Zuversicht, die Herausforderung zu meistern; mentale Pläne; eine körperlich gute Vorbereitung; Zielorientiertheit; optimale umgebungs- und situationsrelevante Bedingungen; ein positiver Teamzusammenhalt; eine hohe Motivation; Freude an der Sache; die Beibehaltung eines angemessenen Fokus" (Lee Crust). Diese Bedingungen zu erfüllen und den Flow bei möglichst vielen Wettkämpfen zu haben, ist schwierig. Denn leider gibt es auch Faktoren, die den Flow verhindern, z. B. „körperliche Probleme wie Verletzungen, eigene oder von Teamkollegen begangene Fehler; Ablenkung und Verlust der Konzentration; negative mentale Einstellung; niedriges Selbstvertrauen; niedrige intrinsische Motivation" (Lee Crust).

Um etwaige Belastungen und negative Einstellungen, z. B. zu Wettkampforten oder Unterbringung, zu überwinden und um den Flow zu erreichen, ist es bisweilen notwendig, mit einem Sportpsychologen zusammenzuarbeiten, wie ich das 2007/08 und 2016 getan habe. Im Allgemeinen bin ich bei Wettkämpfen stabil, habe kein Lampenfieber, und ich ruhe – bei aller Anspannung – in mir. Übrigens: Guter Sex vor einem Wettkampf hat positive Auswirkungen auf das Ergebnis, wie ich dies 2001 in Assen bei den Europameisterschaften und 2002 bei den Weltmeisterschaften in Lille erlebte. Beziehungsprobleme dagegen können zu schlechten Leistungen führen.

Wie schon betont, ist Leistungssport Schwerstarbeit. Man benötigt (außer Talent) eine Grundhärte für das Training, Zielstrebigkeit, Ausdauer, Leistungsorientiertheit, Leidenschaft, Fleiß – und auch Berufung. (Der Hornist Felix Klieser fügte noch einen anderen Gedanken hinzu: „Es heißt nicht, dass man nur wollen muss, und schon bekommt man seine Wünsche erfüllt. Ich bin ein Mensch, der auch Glück hatte. [...] Es ist nicht nur Fleiß, auch Glück gehört dazu.")
Meine Devise lautet, wie schon oben gesagt: „Du musst es immer und immer wieder versuchen. Und wenn es hundertmal nicht klappt, beim hundertundersten Mal schaffst du es." Kürzer for-

muliert: trainieren, trainieren, trainieren. Man benötigt neben der Zielstrebigkeit besonders auch die Fähigkeit, notfalls dem trägen inneren Schweinehund Beine zu machen. Weiterhin heißt es, Verletzungen zu vermeiden und die Balance zu finden zwischen Training, Beruf bzw. Schule oder Universität und Freizeit. Und Ziel eines jeden Leistungssportlers und einer jeden Leistungssportlerin muss sein, möglichst erfolgreich an Wettkämpfen teilzunehmen. Wer das nicht will oder anstrebt und wer zu Deutschen Meisterschaften, Europa- und Weltmeisterschaften oder Paralympics „geprügelt" werden muss, hat im Leistungssport nichts zu suchen.

Profisportler konnte man als Behinderter in meiner sportlich besten Zeit nicht werden. Dafür gab es zu wenig Interesse bei Sponsoren (Firmen, Einzelpersonen). Dies hat sich inzwischen erheblich geändert. Seit 2016 wurde das Förderkonzept durch den DOSB (Deutscher Olympischer Sportbund) geändert. Es wurden neue Leistungskonzepte erstellt, um den Parasportlern und –sportlerinnen zu ermöglichen, unter professionellen Bedingungen zu arbeiten. Darüber hinaus gilt als Regel: „Am Sport muss man Spaß haben, sonst kommt die Leistung nicht. Und wenn die Leistung wegbleibt, wird man schnell depressiv" – das habe ich im Januar 2006 gegenüber der Journalistin Julia Bange gesagt.

Von Astrid Fredebold-Onnen angeleitet, habe ich zunächst dreimal wöchentlich im Verein in Wunstorf und zweimal im Sportleistungszentrum (SLZ) in Hannover (neben dem ehemaligen Niedersachsenstadion, der heutigen HDI-Arena), also insgesamt fünfmal wöchentlich trainiert. Seit ich in der niedersächsischen Landeshauptstadt lebe, trainiere ich bis zu siebenmal in der Woche. Neben dem Training im Heimatort finden jährlich noch drei – manchmal auch mehr – zehn- bis vierzehntägige Trainingslager mit zwei Trainingseinheiten à zwei bis drei Stunden pro Tag statt. Diese werden in Spanien, auf den Kanaren, in Portugal, in Ringkøbing in Dänemark, im Olympischen und Paralympischen Trainingszentrum für Deutschland Kienbaum, etwa vierzig Kilometer von Berlin entfernt, und auf Juist in Deutschland oder in Belek in der Türkei durchgeführt. Bei Europa- und Weltmeisterschaften sowie Paralympics kommen noch jeweils zwei bis drei Wochen Vor- und Nachbereitung dazu.

Die langen Trainingscamps sind mit ihren Vorgaben, den örtlichen Unzulänglichkeiten, den Unverträglichkeiten zwischen einzelnen Athleten, der Kasernierung, dem Zusammenwohnen auf engstem Raum mit dem unausweichlichen Zusammenhocken bei Wettkämpfen und bei Gremiumssitzungen durchaus kein Vergnügen. Die genannten Faktoren können zum Lagerkoller führen, was weder für das Training noch für Wettkämpfe günstig ist.

Generell enthalten die Trainingseinheiten Kraft-, Lauf- und Sprungkomponenten sowie Koordinationsabläufe unterschiedlicher Art. Als Beispiel für einen individuellen Trainingsplan habe ich denjenigen eines Trainingslagers für die zwölfte Woche vom 16. bis zum 22. März 2014 herausgegriffen. Trainingseinheiten fanden dabei sowohl vormittags als auch an Nachmittagen statt. Im Einzelnen sah dieser Trainingsplan vor:

Montag, 16. März 2014:
Vormittag:
Übungen zur Sprintkraft
10 koordinative Abläufe
Übungen mit dem Medizinball im Sitzen
Übungen im Bodenturnen
16.30 Uhr:
Einlaufen
Gymnastik
Koordinationsübungen auf Matten
Hochsprungmehrkampf
Übungen mit dem Medizinball im Sitzen
Übungen im Bodenturnen

Dienstag, 17. März 2014
16.30 Uhr:
Einlaufen
Gymnastik
Koordinationsübungen
5×30-m-Sprints, steigernd
10 Koordinationsabläufe Hinkelauf
Medizinballtest
20 Minuten Yoga

Mittwoch, 18. März 2014:
Vormittag:
Krafttraining
Utilisation mit rechts: Sprünge
16.30 Uhr:
Einlaufen
Gymnastik
Hürden-Koordination
3 × 5 Runden Übungen zur Sprintkraft
5 × 60 m koordinierte Läufe
30 Minuten Yoga

Donnerstag, 19. März 2014:
Vormittag:
Beachvolleyball
Übungen zu Koordination und Sprungkraft im Sand
16.30 Uhr:
Einspielen
Übungen zur Sprungkraft

Freitag, 20. März 2014:
Vormittag:
Beachvolleyball
Übungen zur Sprungkraft im Sand
Kleiner Athletenzirkel (= 5 bis 6 Übungen)
16.30 Uhr:
Einlaufen
Gymnastik
Übungen zur Koordination
5 Runden großer Athletenzirkel (= 8 bis 10 Übungen)
5 × 80 m NI (= niedrige Intensität, d. h. 70 % der vollen Kraft)
beim Auslaufen

Sonnabend, 21. März 2014:
Vormittag:
Beachvolleyball

Sonntag, 22. März 2014:
Vormittag:
Beachvolleyball
Übungen zu Koordination und Sprungkraft im Sand
17.00 Uhr:
Krafttraining im Olympiastützpunkt
Utilisation
3 × 10 tiefe Wechselsprünge
3 × 10 Tscherbakis (Sprung aus der Hocke zu einer Art Scheren-
sprung mit beidbeiniger Landung)

Das Training eines Athleten wird langfristig geplant. Im Herbst
beginnt das Grundlagentraining, das Aufbauphasen für Kraft
und Ausdauer umfasst. Im März und April folgt dann – u. a.
auch in Trainingslagern – ein sportartenspezifisches Training, in
meinem Fall also das der Hochsprungtechnik. Die Wettkämpfe
finden in der Regel in den Monaten Mai bis September statt.

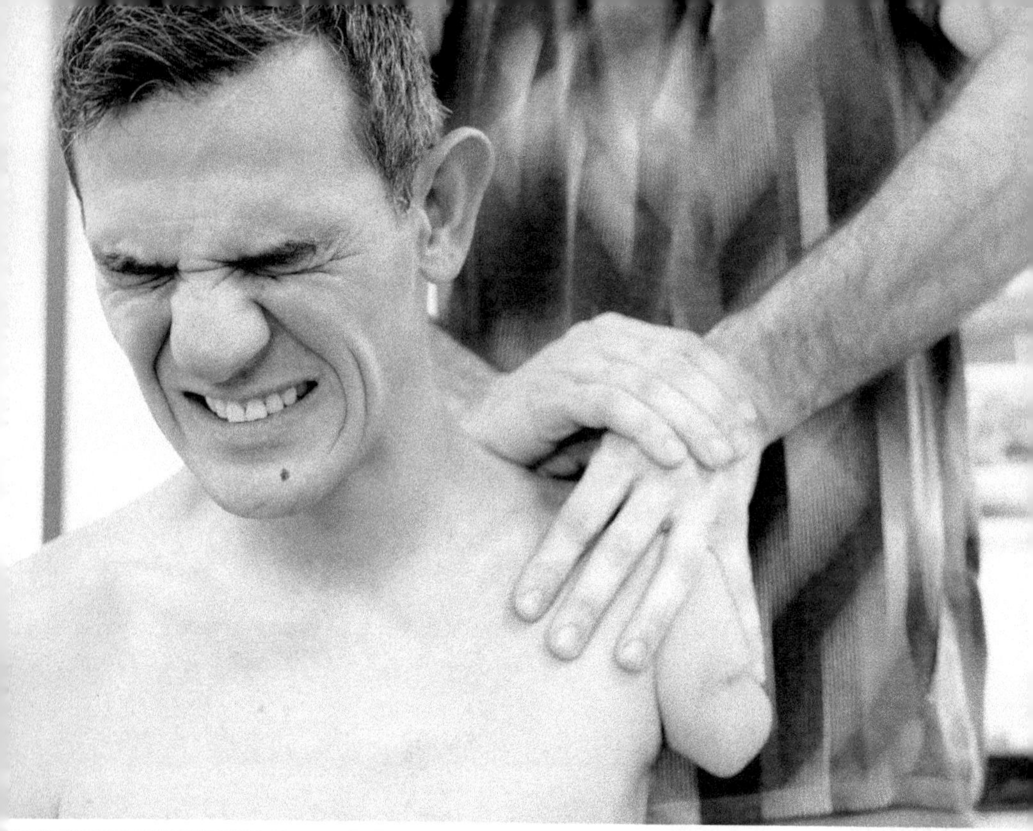

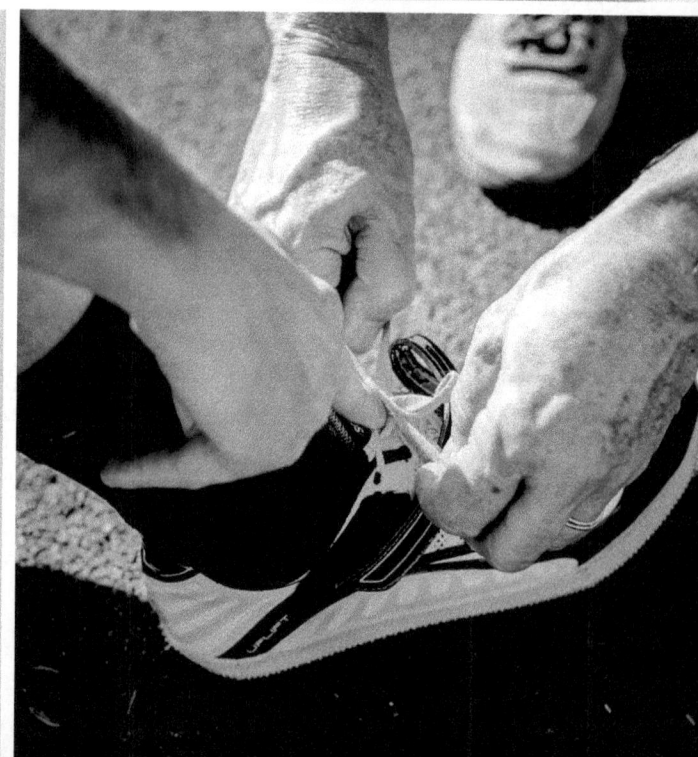

Oben:
In Händen des Physiothera-
peuten in Wunstorf 2017,
Fotografin Gillian Allard /
Sky Italia

Unten:
Making ready for Training im
BLZ Kienbaum bei Berlin 2018,
Fotograf Michael Pogoda

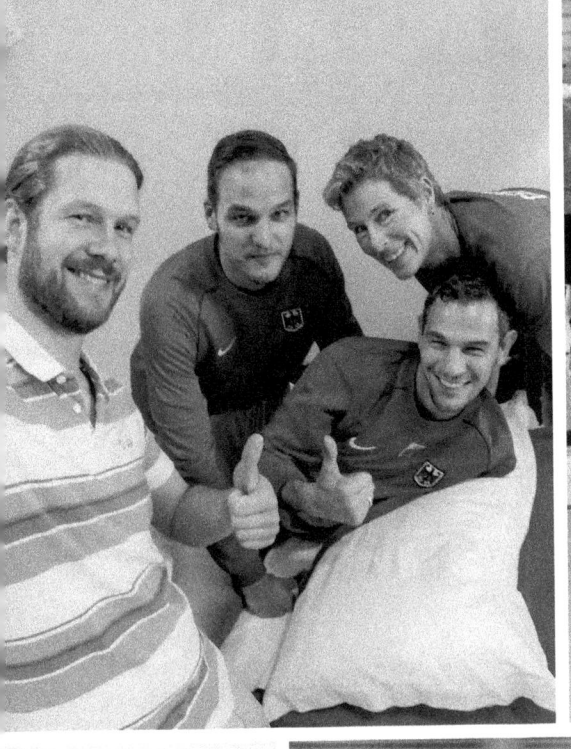

Oben links:
*Cooles Physio-Team, Leicht-
athletik-WM in Doha 2015,
Fotograf Marcus Hartmann*

Oben rechts:
*Krafttrainingseinheit im
Olympiastützpunkt Hanno-
ver, Fotograf Guntram
Gudowius*

Unten:
*Trainingseinheit im
BLZ Hannover, Fotograf
Guntram Gudowius*

Bronze-Medaille im 4x100 m Staffellauf bei Paralympics in Sydney 2000

Nachdem mich Ende 1999 Astrid Fredebold-Onnen als Trainerin unter ihre Fittiche genommen hatte, nahm ich ein Jahr später an den Paralympics in Sydney teil. Obwohl ich zuvor schon 1,95 Meter gesprungen war und als Favorit galt, erreichte ich in Australien im Hochsprung statt der eingeplanten Goldmedaille mit 1,84 Meter lediglich den fünften Platz und im Weitsprung mit 6,25 Meter den sechsten Platz – ein Misserfolg, unter dem ich gelitten habe und mit dem ich fertigwerden musste und immer noch hadere. Ein Vorbericht der *Harke – Nienburger Zeitung* am 1. August 2000 hatte das alles schon geahnt mit seiner Überschrift „Gold-Jäger Bötzel und die leise Sorge vor der Enttäuschung". Übermotivation und äußere Einflüsse hatten einen Flow verhindert. Geblieben ist mir ein Transparent: ein farbiges Tuch, blaugelber Untergrund, an den vier Ecken die schwarz-rot-goldene Flagge, in der Mitte des Transparents blau die vier Wörter *Spring / für Gold / Reinhold*.

Ein kleiner Lichtblick war die Bronzemedaille mit der 4-mal-100-Meter-Staffel (46,15 Sekunden und Deutscher Rekord). Darüber schrieb der *Wunstorfer Stadtanzeiger*: „Jubel in der Sportabteilung des Kaufhauses Kastendieck und an unzähligen andren Stellen: der Abteilungsleiter des Unternehmens, Reinhold Bötzel, holte bei den Paralympics in Sydney mit der 4×100-Meter-Staffel in der neuen deutschen Rekordzeit von 46,15 Sekunden gegen enorm starke Konkurrenz die Bronze-Medaille. Damit aber noch nicht genug. Mit der persönlichen Bestleistung von 6,25 Meter belegte er im Weitsprung im Endkampf einen ebenfalls glänzenden sechsten Platz. Enttäuscht zeigte er sich dagegen in einem Gespräch mit dem Stadtanzeiger darüber, dass es in seiner Paradedisziplin – dem Hochsprung –, in der seine Trainer eigentlich mit dem Sieg gerechnet hatten, letztlich „nur" zum fünften Platz reichte. Verärgert war er deswegen, weil er die Siegerhöhe von 1,90 Meter sonst immer ganz locker springt. In Sydney aber war bereits bei 1,84 Meter Schluss für ihn. Bötzel: ‚Ich weiß nicht, was an diesem Tag mit mir los war. Ich war nicht nur äußerlich, sondern vor allem innerlich total verkrampft.' Nicht zu vergessen ist, dass er in seiner Klasse als einarmiger Leichtathlet mit 1,95 Meter zurzeit neben dem Weltrekord auch den deutschen und den Europarekord hält."

Siege werden hart erkämpft. Um sie zu erringen, ist Ausgeglichenheit wichtig. Immer steht der Spitzensportler zwischen Triumph und Niederlage mit nachfolgender Enttäuschung. Der Misserfolg in Sydney hat aber meiner Liebe und Zuneigung zu dieser Stadt keinen Abbruch getan. Mit Sydney verbinde ich die Adjektive *modern, multikulturell, offen, pulsierend, atemberaubend*. Dies alles ist in Anke Lütjens' Artikel *Begegnung in Wunstorf: Die Medaillengewinner: „Frei wie ein Vogel"* in der *Leine-Zeitung* vom 9. Januar 2001 nachzulesen.

Inzwischen habe ich an fünf Paralympics teilgenommen: nach 2000 in Sydney 2004 in Athen, 2008 in Peking, 2012 in London und 2016 in Rio de Janeiro. Dennoch fremdele ich mit den Paralympics, bin mit ihnen nie warm geworden. Für die 2004 in Athen stattfindenden Paralympics hatte ich mich mit 1,95 Meter im Springer-Meeting des Garbsener SC im Mai 2003 qualifiziert und galt als Favorit. Doch alles kam ganz anders: Die äußeren Bedingungen stimmten nicht, die Organisation war chaotisch, Wettkampftermine wurden kurzfristig abgesagt und verschoben, so dass eine optimale Vorbereitung nicht möglich war, wie ich das seinerzeit, am 22. September 2004 der HAZ sagte. Da ich im Weitsprung mit 5,89 Meter nur auf dem neunten Platz landete, verpasste ich das Finale, für das mindestens der achte Rang notwendig gewesen wäre. Auch im Hochsprung war mit 1,72 Meter nicht mehr als der neunte Platz möglich. Eine der Ursachen für den frustrierenden Misserfolg sehe ich im erwähnten Organisationsdurcheinander. Ursprünglich sollte der Hochsprungwettkamp am Sonntagabend stattfinden, wurde dann aber kurzfristig auf den nächsten Morgen verschoben. Ein Sprung aber ist nicht nur eine Frage der Psyche, sondern auch des Biorhythmus. Kommt der Kreislauf nicht in Gang, dann sind Höchstleistungen nicht zu erbringen. Und jeder, der mich näher kennt, weiß, dass ich ein „Morgenmuffel" bin.

In Rio de Janeiro erreichte ich mit 1,80 Meter den neunten Platz. Die *Südwest Presse* in Ulm kommentierte am 11.10.2016: *„Dennoch hat der inzwischen 40-Jährige bei starker internationaler Wettkampfkonkurrenz als bester Europäer mit blitzsauberen Sprüngen einen sehr guten Leistungsstand gezeigt. […] Als Bötzel nach dem Wettkampf im deutschen Olympiadress zu Freunden und Fans auf die Zuschauerränge des Olympiastadions stürmte, wurde er von vielen Brasilianern im Block gefeiert und um Autogramme gebeten."*

Deutlich geworden ist in Rio de Janeiro, dass ich bei paralympischen Spielen keine Goldmedaille mehr erreichen werde, auch wenn ich als aktiver Sportler für die Paralympics in Tokio 2020 (wegen Coronavirus-Pandemie verschoben auf 2021) nominiert werden sollte. Die fehlende Goldmedaille ist der einzige Wermutstropfen in meiner sportlichen Gesamtbilanz.

Ich war vermutlich zwölf oder dreizehn Jahre alt, als ich zum ersten Mal etwas von Paralympics gehört hatte, und zwar im Zusammenhang mit den 8. Paralympischen Spielen in Seoul, die erstmals am Ort der vorausgegangenen Olympischen Spiele stattfanden und deshalb in den Medien mehr als früher beachtet wurden und präsent waren. Ich fand die Idee der Paralympics großartig, auch wenn sie noch weitgehend im Schatten der älteren Schwester standen und ein Nischendasein fristeten. Eine Professionalisierung bei der Umsetzung der paralympischen Idee war nötig, und die leistete Sydney.

Mir haben die Paralympics in Sydney (Australien), in Rio de Janeiro (Brasilien) und insbesondere in London (Großbritannien) am besten gefallen.

Aber als ich zum ersten Mal von Paralympics hörte, da waren sie – wie alle anderen Wettkämpfe – für mich höchstens ein Fernziel, wenn ich überhaupt an so etwas gedacht hatte. Ein paar Jahre später ging es dann darum, überhaupt einmal international starten zu können und zu dürfen – gleichgültig bei welcher Art Wettkampf, sei es bei den Paralympics, sei es bei Europa- oder Weltmeisterschaften.

Zu Beginn des neuen Jahrtausends, in den Jahren 2000, 2001 und 2002, also mit 25, 26 und 27 Jahren, war ich sowohl national als auch international erfolgreich. Bei der Niedersächsischen Landesmeisterschaft in Wunstorf schaffte ich im Hochsprung und im Weitsprung mit 1,88 Meter bzw. 6,19 Meter den ersten Platz. Im Juni 2000 sprang ich beim *1. Internationalen Leichtathletik-Meeting für Behindertensportler* im Salzwedler Werner-Seelenbinder-Stadion mit 1,93 Meter Weltrekord und im Weitsprung mit 6,37 Meter einen neuen deutschen Rekord. „In Salzwedel bekam Reinhold Bötzel wertvolle Tipps von Erich Drechsler [1934–2015]. Der ehemalige Trainer von Heike Drechsler ist aus dem Leistungssportbereich ausgeschieden und betreut nun die Behindertensportler in Jena", berichtete die *Magdeburger Volksstimme* am 5. Juni 2000.

Zwei Wochen später schaffte ich bei den Internationalen Deutschen Leichtathletikmeisterschaften in Weinstadt bei Stuttgart mit 1,95 Meter einen neuen Weltrekord und mit 6,27 Meter im Weitsprung die Bronzemedaille, was von der Nienburger Zeitung *Die Harke* am 19. und 20. Juni 2000 in gleich zwei Berichten bejubelt wurde. In dem Artikel *Fantastisches Wochenende: Acht Starts und sieben Medaillen. Leichtathletik: Nienburger Behindertensportler sahnten bei der „Deutschen" ab. Bötzel verbessert seine Weltrekordhöhe* vom 20. Juni 2000 heißt es: „Bötzel [schoss] mit seiner Weltrekordhöhe im Hochsprung erneut den Vogel ab. Nachdem der Titelsammler vor zwei Wochen erst mit 1,93 Meter für eine neue Weltbestmarke gesorgt hatte, packte er nun zwei Zentimeter drauf. Anschließend ließ der Nienburger zwei Meter auflegen, an denen er nur hauchdünn scheiterte." Und am 6. Dezember 2000, zum Nikolaustag und zwei Tage vor meinem fünfundzwanzigsten Geburtstag, durfte ich mich in das Goldene Buch der Stadt Nienburg eintragen.

Bei der Deutschen Meisterschaft vom 20. bis 22. Juli 2001 im Jahnstadion in Hamburg-Winterhude wurde ich Deutscher Meister. Und ich wiederholte seither diesen Erfolg mehrfach. Im selben Jahr (2001) sprang ich bei den Europameisterschaften im niederländischen Assen mit 1,96 Meter nicht nur Europarekord, sondern zugleich Deutschen Rekord und Weltrekord. Bis heute halte ich den damals erzielten Europarekord. Ebenfalls 2001 erhielt ich eine Silbermedaille bei der 4-mal-100-Meter-Staffel und die Bronzemedaille im Weitsprung. Was für ein Jahr für einen Leistungssportler!

Ein Jahr später, also 2002, legte ich mit der Startnummer 764 bei den IPC-Weltmeisterschaften vom 20. bis 28. Juli im 1976 eröffneten *Stadium Lille Métropole* in Villeneuve-d'Ascq in der Metropolregion Lille im Hochsprung noch einen Zentimeter zu und war mit 1,97 Meter bis 2006 Weltrekordhalter. Ausführlich berichtete darüber die Telekom-Zeitschrift *Monitor vor Ort* in ihrer Septemberausgabe 2002. Und *eintracht aktuell* 3/2002 hatte drei Fotos von mir auf dem Titelblatt zusammen mit dem Text „Einen Weltmeister hatten wir noch nie! Reinhold Bötzel, Weltmeister 2002 im Hochsprung mit 1,97 Meter bei der Leichtathletik-Behinderten-Weltmeisterschaft in Lille/Frankreich". Im Inneren des Informationsblatts werden minutiös die Sprünge in Lille aufgelistet: jeweils im ersten Versuch: 1,80/1,86/1,89/1,92 sowie im dritten Versuch: 1,95/1,97.

Maike Schulz bezeichnete mich nach dem Erfolg in Lille in ihrem Artikel *Nach dem Weltrekord fließen Freudentränen* in der *HAZ* vom 24. Januar 2003 als „Ausnahmesportler". Und abermals wurde ich für 2002 von den Leserinnen und Lesern der Nienburger Zeitung *Die Harke* zum Sportler des Jahres gewählt. Über die Verleihung des Pokals berichtete die Zeitung am 24. Februar 2003 in den beiden Notizen „Sportler" und „Gerührt": „Er ist der Seriensieger, freut sich jedoch immer wieder wie beim ersten Mal – Reinhold Bötzel. [...] Dieses Bild ging allen nahe, Reinhold Bötzel, der Seriensieger, zeigte sich alles andere als abgebrüht, sondern zutiefst bewegt und emotional aufgewühlt. Nachdem er sich gefasst und den Pokal entgegengenommen hatte, kam die Stimme wieder: ‚Dieses Ergebnis, unglaublich. Es ist für mich der Ansporn, immer weiterzumachen.' "

Die Zeitungsnotiz ist korrekt. Ehrungen berühren mich, sie krönen in gewisser Weise den sportlichen Erfolg. Für die mehrfache Auszeichnung als Sportler des Jahres bin ich den Leserinnen und Lesern der Stadt und des Kreises Nienburg/Weser bis heute dankbar.

In Gesamtniedersachsen bin ich zwar mehrfach für die Wahl als Sportler des Jahres vorgeschlagen worden (z. B. für 2003), habe mich aber leider niemals durchsetzen können.

2006 war für mich in sportlicher Hinsicht ein Schicksalsjahr, denn ich erfand mich im Hochsprung geradezu neu. Bisher war ich mit dem linken Bein abgesprungen, doch hatte ich zunehmend Schwierigkeiten mit dem linken Fuß bekommen. Deshalb wechselte ich Anfang 2006 mein Absprungbein und springe seitdem rechts ab. Dieser „Fußwechsel" war nicht einfach zu bewerkstelligen, weil die gesamte Motorik umgestellt und der komplette Bewegungsablauf beim Hochsprung spiegelverkehrt neu gelernt werden musste. Da mir der linke Arm und somit der Schwunggeber beim Absprung fehlt, ist seitdem der Schwung aus der linken Schulter zu holen.

Der „Fußwechsel" funktionierte, und bei den Deutschen Meisterschaften, dem German-Qualification-Leichtathletik-Meeting, vom 25. bis 27. August 2006 in Leverkusen erreichte ich mit 1,82 Meter den ersten Platz, eine Leistung, die weder ich noch der Nationaltrainer erwartet hatten.

Gold-Medaille: Erfolg bei IPC Europameisterschaften in Swansea 2014

Im September 2007 wurde ich bei den Leichtathletik-Weltmeisterschaften der Behindertensportler in Taipeh (Taiwan) morgens um
11.00 Uhr bei 36 °C Vizeweltmeister. Danach erhielt ich den folgenden Brief des damaligen niedersächsischen Ministerpräsiden-
ten Christian Wulff: „Sehr geehrter Herr Bötzel, herzlichen
Glückwunsch zum Gewinn der Silbermedaille im Hochsprung
bei der IWAS World Games in Taipeh.

Es freut mich, dass es Ihnen trotz muskulärer Probleme im Vor-
feld der Weltmeisterschaften gelungen ist, bei diesem internationalen Großereignis eine derart gute Leistung zu erbringen und
die Saison mit einer Silbermedaille abschließen zu können. Damit
können wir berechtigt darauf hoffen, dass im nächsten Jahr bei
den Paralympics in Peking auf jeden Fall mit Ihnen als nieder-
sächsischer Sportler zu rechnen sein wird."

Christian Wulff war 2007 auch Schirmherr der Wahl zum „Behindertensportler Niedersachsens des Jahres" und unterstützte den
vom Pressereferenten des Behindertensportverbandes Niedersachsen (BSN) initiierten Kalender *Art of Challenge* des Fotografen
Marc Theis. In diesem Kalender bin ich mit einem Fosbury-Flop
im Schloss Bückeburg vertreten.

Zwei Jahre später, im Jahr 2009, bin ich bei den Weltmeisterschaften in Bangalore in Indien (2009) abermals Weltmeister im Hochsprung geworden, während ich 2011 in Christchurch (Neuseeland) sowohl im Hochsprung als auch in der 4-mal-100-Meter-
Staffel den vierten Platz belegte, nachdem ich ein Jahr zuvor bei
den Deutschen Hallenmeisterschaften in Erfurt noch Titelgewin-
ner gewesen war.

2015 in Doha (Katar) zog ich mir beim Einspringen unmittelbar,
das heißt wenige Sekunden vor Wettkampfbeginn, einen Muskelfaserriss im Kniebereich zu, der alle meine Hoffnungen und die
des Leichtathletikverbandes auf einen schon fest eingeplanten
neuen Weltmeistertitel zerstörte – für mich eine Katastrophe, die
bis heute nachwirkt und schmerzt und schwerer wiegt als der

Muskelfaserriss, den ich mir drei Tage vor dem Wettkampf bei den Europameisterschaften 2018 in Berlin zugezogen habe.

Nachdem ich 2001 in Assen mit der Startnummer 37 die Europameisterschaften im Hochsprung gewonnen hatte (wozu mir der Nienburger Bürgermeister Brieber schriftlich gratulierte) und diesen Titel 2014 in Swansea (Wales) zum zweiten Mal holte, wurde ich 2005 bei den Europameisterschaften vom 22. bis 27. August in Espoo (Finnland) und dann bei den vom 10. bis 16. Juni 2016 in Grosseto (Italien) stattfindenden Europameisterschaften Vizeeuropameister.

Dazu schrieb die Südwest Presse am 15. Juni 2016: „Im Hochsprungwettbewerb der Armamputierten musste sich Reinhold Bötzel, Goldmedaillengewinner von 2014, nur dem Franzosen Alexandre Dipoko-Ewane geschlagen geben und gewann die Silbermedaille."

Unabhängig von allen internationalen Wettkämpfen habe ich mein Traumziel im Hochsprung im Jahr 2003 erreicht, als ich bei einem Show-Meeting auf dem Bonner Marktplatz – und noch dazu in Turnschuhen – die Latte bei 2,00 Meter übersprang.

Mein großer Wunsch war die aktive Teilnahme an den Behinderten-Europameisterschaften/European Championships in Berlin im August 2018, da in der Bundeshauptstadt vierundzwanzig Jahre zuvor meine internationale Karriere begonnen hatte.

Leider machte mir der oben erwähnte Unfall einen Strich durch die Rechnung, so dass ich mir den Hochsprungwettkampf zusammen mit Freunden und Bekannten von der Stadiontribüne anschauen musste.

Gerne wäre ich noch bei den ursprünglich vom 25. August bis 6. September 2020 geplanten Paralympics in Tokio dabei gewesen und hatte gehofft, die Qualifikationen dafür zu schaffen und ein weiteres Mal für die deutsche Paralympics-Mannschaft nominiert zu werden. Doch mit der Verschiebung der olympischen und paralympischen Spiele auf den Sommer 2021 wegen der weltweit grassierenden Corona-Virus-Pandemie mit ihren vielen notwendigen Einschränkungen und Schließungen von Trainings- und Sportstätten, wird mir mein inniger Wunsch wohl versagt bleiben, mich in der eindrucksvollen und emotionalen Atmosphäre paralympischer Wettkämpfe ‚offiziell' von meiner aktiven Laufbahn im Hochsprung und von meinen Fans zu verabschieden.

Wenn ich gefragt werde, ob ich mit meinen bisherigen Erfolgen als Leistungssportler zufrieden sei, antworte ich wie am 25. Mai 2017 dem Studenten Tobias Jung: „Ausgenommen eine Goldmedaille bei den Paralympics, habe ich alles erreicht. Ich bin Weltrekordhalter gewesen, bin immer noch amtierender Europarekordhalter, deutscher Rekordhalter, Weltmeister, Europameister, zigfacher deutscher Meister." Aber natürlich wären weitere Rekorde schön, doch sind sie von mir in Zukunft nur schwer zu erreichen, denn meine Konkurrenten sind inzwischen mehr als zwanzig Jahre jünger als ich.

Der Sport hat mich über den paralympischen Bereich hinaus bekannt gemacht, hat mir in der Öffentlichkeit Anerkennung, Ruhm und Ehre eingebracht und zu Begegnungen mit prominenten Politikern wie den ehemaligen Bundespräsidenten Johannes Rau und Joachim Gauck, dem ehemaligen Bundeskanzler Gerhard Schröder und Bundeskanzlerin Angela Merkel geführt. Es ist für mich normal, an Großveranstaltungen im Sport wie Paralympics, Europa- und Weltmeisterschaften teilzunehmen, Interviews zu geben.

2001 erhielt ich aus der Hand von Bundespräsident Johannes Rau das *Silberne Lorbeerblatt*, die höchste verliehene sportliche Auszeichnung in Deutschland für hervorragende Leistungen. Sechsmal war ich *Behindertensportler des Jahres* der Region Nienburg/Weser durch die Wahl der Leser der Nienburger Tageszeitung *Die Harke*. Von 2000 bis 2003 erhielt ich diese Auszeichnung viermal in Folge. Maike Schulz schrieb zu meiner Nominierung als Behindertensportler des Jahres 2002: „Berechtigt ist dieses allemal. Allein in diesem Jahr wurde er nicht nur deutscher Meister im Hoch- und Weitsprung. Bei den Weltmeisterschaften in Lille erreichte Bötzel den 4. Platz im Weitsprung und gewann die Goldmedaille im Hochsprung.

Oben:
Ehrung auf dem Petersberg/Bonn
mit dem Silbernen Lorbeerblatt 2001
durch Bundespräsident Johannes
Rau, Fotograf Guntram Gudowius

Unten:
Silbernes Lorbeerblatt mit Urkunde,
höchste sportliche Auszeichnung in
Deutschland, Fotograf Guntram
Gudowius

URKUNDE

FÜR HERVORRAGENDE SPORTLICHE LEISTUNGEN
BEI DEN XI. SOMMERPARALYMPICS IN SYDNEY 2000

VERLEIHE ICH

HERRN REINHOLD BÖTZEL

DAS

SILBERNE LORBEERBLATT

BERLIN, DEN 2. FEBRUAR 2001

DER BUNDESPRÄSIDENT

Ganz nebenbei stellte er dabei mit einer Höhe von 1,97 Meter einen neuen Weltrekord auf, den dritten in Folge. ‚Das Gefühl danach kann man gar nicht beschreiben. Ich war so überwältigt, dass ich ein paar Freudentränen einfach nicht unterdrücken konnte. [...] Hätte mir früher jemand gesagt, dass ich einmal den Weltrekord im Hochsprung brechen würde, ich hätte es nicht geglaubt.' [...] Geschafft hat Bötzel viel. Er ist nicht nur ein Ausnahmesportler in den Sprungdisziplinen, sondern kann auch Erfolge auf der Tartanbahn [Kunststoffbahn] vorzeigen. Mit der 4×100-Meter-Staffel holte er mehrere Medaillen. Das nächste Ziel des Athleten ist es, als erster Behinderter die 2 Meter zu überspringen. Zu hoch gegriffen ist dieses Ziel keinesfalls. [...] Natürlich weiß Reinhold Bötzel, dass man hart arbeiten muss, um Erfolg zu haben, aber ein Einzelkämpfer möchte er trotzdem nicht sein. Deshalb kämpft er nicht nur um Medaillen, sondern bemüht sich auch für Verbesserungen im Behindertensport. Behinderte Sportler seien unter Berücksichtigung ihrer Möglichkeiten genauso leistungsfähig wie ‚normale', das Problem sei nur, dass ihnen meist die Trainingsverhältnisse fehlten, meint Bötzel. ‚Leider ist man beim Behindertensport noch weit von spitzensportlichen Verhältnissen entfernt. Es fehlt einfach an Sponsoren und der Professionalität.' Durch die [Parlaments–]Wahlen in den vergangenen Jahren sei immerhin das Interesse am Behindertensport gestiegen. Es gab viel positive Resonanz von allen Seiten. ‚Und das ist immerhin schon etwas', sagt Bötzel."

Es gibt eine Reihe Zeitungs- und Rundfunkinterviews mit mir: 2004 war ich (wie schon erwähnt) – etwas stilisiert – unbekleidet im Profil mit meinem Armstumpf auf dem Plakat zu sehen, das für die *REHA – Fachmesse für Integration, Mobilität, Pflege, Rehabilitation* vom 2. bis 4. September 2004 auf dem Messegelände unter dem Funkturm in Berlin warb. Gestaltet worden war das Plakat von der Berlin-Steglitzerin Christina Baltrusch. Und für die *FAIRNET-Gesellschaft für Messe-, Ausstellungs- und Veranstaltungsservice mbH* in Leipzig posierte ich als Mitglied des Handicap Modellteams mit einer schönen Hemdjacke. Am 2. April 2003 war ich in der ZDF-Sendung *Johannes B. Kerner* zusammen mit dem US-amerikanischen Rocksänger und Schauspieler Meat Loaf und der Moderatorin Sigi Harreis zu sehen. Auftritte hatte ich weiterhin in der Talkshow des früheren Andechser Priors Pater Anselm Bilgri am Neujahrstag 2003, am 4. September in der ZDF-Sendung *Volle Kanne* sowie am 3. Mai 2006 im MDR in *Hier ab 4*. Für die 224. Folge der ARD-Serie *Polizeiruf 110* mit dem Titel *Gelobtes Land* doubelte ich in einer Bettszene Edgar Selge als einarmigen Polizisten Jürgen Tauber. Der Film wurde im Jahr 2000 in München gedreht und am 14. Januar 2001 erstmals ausgestrahlt.

2013 veröffentlichte Ulrike Adomat ihre Bachelorarbeit *Die Vermarktung eines Sportlers mit Behinderung am Beispiel von Reinhold Bötzel*. 2016 wurde mir die deutsche Übersetzung des Romans *Das Passionsspiel* des schwedischen Schriftstellers und Entertainers Jonas Gardell gewidmet.

2017 begleitete mich ein Team von Sky Italia einen Tag lang und fotografierte und interviewte mich bei meinem typischen Tagesablauf als Para-Athlet. Daraus entstand eine Film-Episode, die im selben Jahr von Sky Arts im Rahmen der TV-Sendung 'Master of Photography' in sechs Ländern ausgestrahlt wurde.

Sportliche Erfolge öffnen Türen

Mitte Oktober 2008 hatte ich zusammen mit dem Fernseh-Sport-journalisten Dieter Adler, dem Sportpfarrer Hans Jörg Schütte, dem Olympiaschützen Hans-Jörg Meyer und dem Moderator Clemens Löcke in Salzgitter-Bad auf dem Podium einer Veranstaltung unter dem Titel *Olympia süß-sauer – gestern, heute, morgen* gesessen. Vor der Podiumsdiskussion hatte Dieter Adler eine Tour d'Horizon über elf Olympische Spiele gemacht.

Hierüber berichtete die *Salzgitter-Zeitung* am 20. Oktober 2008 folgendermaßen: „Zunächst ging Adler auf die Begriffe ‚süß-sauer' ein. Bei den Spielen dieses Jahres [in Peking] sei die Freundlichkeit der Menschen, die Freude süß gewesen. Sauer war unter anderem die Zensur."

Adler setzte sich kritisch auseinander mit der durch das Internationale Olympische Komitee vorangetriebenen Kommerzialisierung der Olympischen Spiele und mit der damit zusammenhängenden Toleranz des IOC gegenüber politischer Unterdrückung in Ländern, in denen die Spiele stattfinden, sowie mit der Zögerlichkeit gegenüber dem Dopingproblem. Gleichzeitig „distanzierte [er] sich von der Forderung nach Sportler-Demonstrationen, wie sie vor den Olympischen Spielen laut geworden waren. ‚Solche Dinge sollten nicht die Aktiven richten.' "

Adlers Satz „Wenn die Dopingfrage nicht gelöst wird, wird es künftig arge Probleme geben" hat sich inzwischen im gesamten Sport bestätigt – auch im Behindertensport, wie schon der Artikel *Paralympics-Sportler im Visier der Fahnder* in der *HAZ* vom 23. November 2004 deutlich machte.

Ich werde häufig gefragt, ob ich Vorbilder hätte. Meine Antwort lautet stets: ja, aber sie sind mir verloren gegangen. Es waren vor allem der kubanische Hochspringer Javier Sotomayor Sanabria (* 1967) und der jamaikanisch-kanadische Sprinter Ben

Johnson (* 1961), bis sie mir durch ihr nachgewiesenes Doping verloren gingen. Im Januar 2006 sagte ich zu der Journalistin Julia Bange von der Zeitschrift *Stadtkind* (S. 52f.): „Gedopte Sportler schaden nicht nur sich selbst, sondern auch der gesamten Sportart und deren Image."

Inzwischen brauche ich keine Vorbilder mehr – ich bin selbst ein Vorbild für andere.

Sportlerleben – „normales" Leben, Dopingkontrollen

Aber der Sport hat mir auch viel verwehrt, genommen und – ja, ich benutze ausdrücklich dieses Wort – geraubt, z. B. die Unbeschwertheit der Jugend. Ich habe keine Zeit für Tätigkeiten außerhalb von Beruf und Sport, z. B. in der Politik, beim Naturschutz oder in der Kirche. Und auch für Treffen mit Freunden und Bekannten stehe ich wegen Training und Trainingscamps nur bedingt zur Verfügung.

Es besteht ein schroffer Gegensatz zwischen einem „gelebten", normalen Leben und dem Leben eines Sportlers. Während Gleichaltrige in Discos gingen, sich amüsierten, Alkohol tranken, machen konnten und können, was sie wollten und wollen, musste und muss ich als Sportler diszipliniert leben, Entbehrungen ertragen, mich quälen, in Gremiensitzungen herumhocken und in Trainingslagern unter Lagerkoller leiden. Unangenehm sind auch die unbedingt notwendigen und von mir bejahten Dopingkontrollen. Allerdings ist es ein unangenehmer Einbruch in die Intimsphäre, wenn der Dopingkontrolleur – wie mir das mehrfach passiert ist – morgens um sechs Uhr klingelt und eine frische Urinprobe einfordert, wobei man sich beim Urinieren völlig nackt präsentieren muss, der Dopingkontrolleur beim Wasserlassen zuschaut und den Genitalbereich aufmerksam betrachtet. Gastfreundschaft ist in solchen durchaus bitter nötigen Situationen nicht immer leicht.

Die Situation semiprofessioneller Parasportler

Sportliche Erfolge im Parasport bringen inzwischen zunehmend Anerkennung und Ehre – aber das alles findet (wie ich schon mehrfach erwähnte) zumeist keinen Niederschlag im finanziellen Bereich, wenn man semiprofessioneller Sportler ist. Im Gegenteil: oft muss man in die eigene Tasche greifen, um die Kosten für die Teilnahme an und die Fahrt zu Wettkämpfen aufzubringen. Im Jahr 2015 betrugen meine eigenen Ausgaben für den Sport rund 5 000,– €, die allerdings zum Teil durch Sportfördermittel ausgeglichen wurden.

Ist man Teil der Nationalmannschaft, zu der man ausdrücklich einberufen wird, werden die Kosten für Trainingslager, Reisen zu internationalen Wettkämpfen, Unterkunft und Verpflegung an den Wettkampforten und für die Einkleidung vom Deutschen Leichtathletikverband, zu dem der Deutsche Behindertensportverband (DBS) gehört, übernommen.

Als ich mit dem Sport anfing, gab es für Behindertensportler wenig öffentliche Fördermittel, auch wenn sie in ihrer jeweiligen Sparte und Disziplin zu den Spitzensportlern gehörten. Seit den Paralympics in London im Jahr 2012 ist die Sportförderung der Bundeswehr auch auf gehandicapte Sportler ausgedehnt worden. Sie hatten zunächst drei Stellen erhalten; seit 2017 sind für sie siebzehn Plätze reserviert. Darüber hinaus gibt es Bundes- sowie Verbandsfördermittel, deren Vergabe jeweils von der erreichten Leistung, z. B. einer bestimmten Platzierung oder der Einhaltung bzw. der Überschreitung der festgelegten Norm, abhängig ist.

Die Entscheidung, ob man Leistungs- und damit Berufssportler oder aber Semiprofessioneller neben einer geregelten Berufstätigkeit sein will, ist schwieriger als vermutet. Denn im Berufsleistungssport ist man abhängig von diversen Vorgaben, steht unter starkem, existentiellem Erfolgsdruck, unterliegt vertraglichen

Regelungen, die Autogramm- und Signierstunden, die Teilnahme an Charity-Veranstaltungen und anderen letzten Endes sportfernen Events enthalten können.

Als Semiprofessioneller neben seinem Beruf, der das Einkommen sichert, ist man dagegen freier, allerdings oft auch auf Unterstützung durch *Sponsoren, Förderer, Unterstützer (Partner)* und *Mäzene* angewiesen. Mäzene sind Personen oder Institutionen (z. B. Stiftungen), die über Geld verfügen und damit Sportler unterstützen, ohne Gegenleistungen zu erwarten. Derartige mäzenatische Geldzuwendungen als Geschenk sind selten.

Bis zum Jahr 2000 hatte ich keine Sponsoren; 2001 bekam ich meinen ersten Sponsorenvertrag. Ein Sponsor unterstützt einen Sportler finanziell, stattet ihn mit Produkten aus und verlangt dafür in einer Kosten-Nutzen-Rechnung entsprechende Gegenleistungen. Bleiben diese aus, zieht sich der Sponsor zurück.

Viele Jahre bin ich durch den Deutschen Behindertensportverband, die Deutsche Sporthilfe und die Sporthilfe von Rheinland-Pfalz gefördert worden. Inzwischen bin ich aus der Bundesförderung raus.

Mein Arbeitgeber, der Telekom-Konzern, ist mein Unterstützer (Partner) im Leistungssport. Er gewährt mir unbürokratisch Sonderurlaub für Trainingslager und Wettkämpfe – ein Antrag auf Freistellung genügt.

Als aktiver Sportler muss man mit der Zeit gehen, und so habe ich auch eine Homepage, auf der ich mich vorstelle: www.reinhold-boetzel.de. Seit 2015 ist Dieter Hübl aus Esslingen am Neckar mein Berater und Koordinator.

Er setzt Vertragstexte auf, handelt Verträge für mich aus und verfasst Pressemitteilungen zu Wettkampfqualifikationen und -leistungen. Er erstellte 2015 meine Sponsorenmappe *Reinhold Bötzel. Hochsprung mit Handicap. Europa-Rekord-Halter seit 2001* und 2016 die Autogrammkarten, veranlasste mich zu einem Facebook-Profil und in Folge zur Instagram-Anwendung, weil man in den Social Media in der heutigen Zeit präsent sein müsse. Da zwischenzeitlich vergriffen, wurden 2019 die Sponsorenbroschüre mit Aktualisierung sowie meine Autogrammkarten neu aufgelegt und gedruckt.

Bevorstehendes Ende der Karriere
als aktiver Sportler

Am 27. Mai 2017 wurde ich bei den Deutschen Meisterschaften der Para-Leichtathleten in Erfurt abermals Deutscher Meister. Im Februar 2018, drei Tage nach dem Tode meiner Oma, wurde ich – wieder in Erfurt – am 24. Februar Deutscher Meister im Hochsprung in der Halle, was für mich sehr emotional gewesen ist, weil meine Großmutter für mich besonders wichtig war. Im Juli 2018 erreichte ich in Kienbaum die Deutsche Meisterschaft im Hochsprung. Daraufhin wurde ich für die Europameisterschaft im August 2018 in Berlin nominiert. Dort aber zog ich mir drei Tage vor meinem Wettkampf einen Muskelfaserriss zu.

Insgesamt gesehen waren die Jahre 2016, 2017 und 2018 für mich weniger erfolgreiche und deshalb krisenhafte Jahre. Eine Ursache dafür ist die enorme Leistungssteigerung im internationalen Para-Leichtathletiksport, der kein Nischendasein mehr fristet und für gehandicapte Sportler weltweit zunehmend interessanter und lukrativer geworden ist.

Ein anderer Grund besteht darin, dass ich im Vergleich zu anderen Teilnehmern an den Titelkämpfen inzwischen ein „Opa" bin. Und in der Tat bin ich – im Vergleich zu den rund zwanzig Jahre jüngeren Mitkonkurrenten – heute bei Wettkämpfen viel bedächtiger, vorsichtiger, weniger wagemutig und risikobereit als in den letzten Jahren, um die Verletzungsgefahr möglichst gering zu halten. Aber es gilt eben auch: Die Pioniergeneration des Parasports hat ihre Schuldigkeit getan und tritt ab und wird abgelöst. Allerdings – so der ehemalige Bundestrainer Ralf Otto – fällt es einem Leichtathleten immer schwer, von der großen Sportbühne abzutreten.

Und drittens belastet mich das seit geraumer Zeit getrübte Verhältnis zu meiner langjährigen Trainerin Astrid Fredebold-Onnen. Sie hat mich fast zwanzig Jahre lang als technisch perfekte und brillante Trainerin begleitet; ihr verdanke ich viel. Doch im Herbst 2016 kam es zu einer unglücklich verlaufenen Diskussion mit ihr, in der es um das Ende meiner aktiven Sportkarriere ging und in der sie der Ansicht war, dass ich inzwischen alles erreicht hätte und an der Grenze meiner Leistungsfähigkeit angekommen sei. Dies sah und sehe ich anders, obwohl ich schon im Dezember 2010 im Interview mit dem Journalisten und heutigen Onlineredakteur Christian Lüttecke angekündigt hatte, nach den Paralympics in London im Jahr 2012 meine Karriere beenden zu wollen.

Doch völlig abgebrochen ist der Kontakt nicht. Astrid Fredebold-Onnen begleitet mich mit Trainingsplänen. Aber im Wesentlichen bin ich jetzt beim Training auf mich allein gestellt, schreibe eigene Trainingspläne, die von einer befreundeten Trainerin durchgesehen werden. Das alles verlangt von mir Konsequenz, Selbstdisziplin, Durchsetzungs- und Durchhaltevermögen. Ich muss mich als aktiver Sportler selbst organisieren und mich für Wettkämpfe anmelden. Als Behindertensportler bin ich ein „einsamer Wolf" geworden – allerdings geschützt durch meinen Verein Rot-Weiß Koblenz.

Berufstätigkeit

Wie erwähnt, bin ich seit 2001 Telekommunikationsberater in Hannover. 2009 entschied ich mich, Mitglied der Vereinten Dienstleistungsgewerkschaft ver.di zu werden. Inzwischen bin ich in meiner Arbeitsstelle zur Vertrauensperson der Gewerkschaft gewählt worden. Regelmäßig nehme ich in dieser Funktion an gewerkschaftlichen Schulungsseminaren teil. Meine Aufgabe als Vertrauensperson besteht darin, auf die Einhaltung der Arbeitszeit- und Überstundenregelung, der tarifrechtlichen Vereinbarungen sowie des Datenschutzes zu achten und mich anfallender Mitarbeiterprobleme anzunehmen.

Von 2009 bis 2012 war ich Seniorverkäufer eines Telekom-Shops in Hannover und habe die Erwartungen und die ökonomischen Vorgaben der Firma, z. B. eine Steigerung des Erlöses und Kostenersparnis, nicht enttäuscht. Ich lasse meinen Mitarbeitern viel Spielraum, doch müssen sie meiner Erwartungshaltung gerecht werden.

Was kommt nach der Zeit als aktiver Sportler?

Wie mehrfach angedeutet, steht in meinem Leben ein erheblicher Umbruch bevor, weil meine Zeit als aktiver Sportler abläuft. Ich glaube nicht, dass mir „die Zeit danach" große Probleme bereiten wird, denn ich erhalte mit dem Ende des Leistungssports die Möglichkeit und die Freiheit zu tun, was ich bisher nicht habe tun können. Auch endet damit die Zeit der Entbehrungen, die ein Leistungssportler unweigerlich auf sich nehmen muss, um erfolgreich zu sein.

Was habe ich mir für „die Zeit danach" vorgenommen? Ich möchte mein Englisch verbessern und Tanzen und Golfspielen lernen. Und ich will mehr Zeit für Freunde haben, die bisher darunter leiden müssen, dass ich oft unterwegs bin zu Trainingslagern oder Wettkämpfen und dass ich nur selten einmal ein freies Wochenende habe. Im Medienbereich möchte ich mich für den Behindertensport einsetzen und gehandicapte Sportler bekannt machen. Hauptziel ist der Erwerb der Trainerlizenz für Leichtathletikdisziplinen. Ich kann mir gut vorstellen, anschließend als Personal Trainer oder als Trainer für Kleingruppen bis allerhöchstens fünf Personen tätig zu sein. Man sagt, ich könne gut erklären und bei schwierigen Übungen durch Hilfestellung Sicherheit geben.

Im Sommer 2019 habe ich das Kitesurfen für mich entdeckt. Einem Trainingskollegen, der nach Kiel umgezogen ist und dort in einem Kiteshop arbeitete, habe ich von meinem Traum erzählt, dass ich diesen Wassersport gerne ausprobieren würde. Er hat mir den Kontakt zum Kitelehrer Micha von der Kiteschule „Kitesurf-Guide / Duotone Pro Center Fehmarn" auf Fehmarn vermittelt. Micha fackelte nicht lange und wollte feststellen, ob ich ein Gefühl für den Kite entwickeln und mit ihm umgehen kann.

Nach kurzer Einweisung in die Sicherheitsregeln ging er mit mir sofort aufs Wasser am Kitespot in Lemkenhafen. Erwartungsgemäß war links meine schwierige Seite, an der ich sehr stark übte und weiterhin übe. Nach wenigen Stunden stand ich auf dem Board. Das erste Fahren hat mir ein unglaubliches Grinsen ins Gesicht gezaubert. Micha bestätigte mir jene Sensibilität, die für den Umgang mit dem Kite unentbehrlich ist. Die Dynamik der Kräfte von Wasser, Wellen, Wind und Drachenzug erzeugen in mir ein phänomenales Gefühl. Zwar bin ich immer noch Anfänger im Kitesurfen, doch das Dahingleiten auf dem Wasser empfinde ich als unvergleichlichen Kick. Wenn es passt, werde ich an Wochenenden oder Urlaubstagen in der Sommersaison dieses Hobby weiter aufbauen und genießen.

Und nach wie vor werde ich mich für den Parasport einsetzen. Wie das aussehen kann, zeigt mein Besuch Mitte Januar 2019 in der Regelschule „Im Ländereck" im thüringischen Seelingstädt (Kreis Greiz). Dort hatten sich drei Schülerinnen und zwei Schüler mit dem Projekt „Weltereignis Olympische Spiele – Widerspruch zwischen Innovation und Repression" beschäftigt und mich gebeten, ihnen Rede und Antwort zu stehen und über meine Erfahrungen als erfolgreicher Parasportler zu berichten. Die *Ostthüringer Zeitung* vom 9. Februar 2019 berichtete über diesen Besuch: „ ,Nicht nur reden, sondern auch machen!', dachten sich fünf Schüler der zehnten Klasse der Regelschule ,Im Ländereck' Seelingstädt. […] Sie machten es sich zur Aufgabe, den fünfmaligen Paralympicsteilnehmer Reinhold Bötzel einzuladen und ihn genaustens zum Thema Paralympische Spiele zu löchern. Nach langem Hin und Her war es Mitte Januar so weit. Der langersehnte Besucher setzte den Fuß durch die Schultür.

Reinhold Bötzel und sein Manager Dieter Hübl berichteten rund um das Thema Paralympics, schilderten die Highlights und Tiefschläge in Bötzels Karriere genauestens und Reinhold gab ein Interview für die Projektgruppe, das in die inzwischen abgeschlossene Projektarbeit eingeflossen ist. Bei all den faszinierend geschilderten Erlebnissen und vielen Informationen konnten die Schüler kaum die Ohren von ihren Gästen lassen."

Oben:
Waldstadion Albershausen,
Fotograf www.rene-loeffler.com

Unten links:
Trainingsanalyse 2020
im Waldstadion,
Fotograf Stefan Schopf

Unten rechts:
Neujahrsempfang und
Ehrung mit Bürgermeister
J. Bidlingmaier in
Albershausen

Gerne unterstütze ich Projekte, die sich theoretisch und praktisch mit sportlichen Bewegungsabläufen befassen. So stellte ich mich einem Absolventen der Hochschule für Fotodesign München als Hochspringer und Zeitzeuge für die Erstellung seiner Bachelorabschlussarbeit zur Verfügung, in der es um die Darstellung visueller Geschichten paralympischer Athletinnen und Athleten geht. Dies erfolgte in dem gemeinsamen Bestreben, Menschen mit körperlicher Einschränkung Mut zu machen und ihnen mit der späteren Veröffentlichung zu zeigen, dass eine Behinderung kein unüberwindliches Hindernis im Leben sein muss, sondern auch große Chancen bietet und ein Ansporn sein kann, alle Kräfte auf ein Ziel hin auszurichten.

So wurde ein typischer Hochsprung-Trainingstag geplant. Dieser fand am 4. Juli 2020 bei strahlendem Sommerwetter im Waldstadion meiner Heimatgemeinde Albershausen statt. Die intensiven, schweißtreibenden Trainingseinheiten wurden begleitet von anregenden Gesprächen und fotografischen Aufnahmen für die Bachelorarbeit. Mir hat die Arbeit mit dem Hochschulabsolventen viel Freude gemacht. Am 11. Juli 2020 berichtete das Mitteilungsblatt der Gemeinde Albershausen über diesen „Besuch im Waldstadion".

Beruflich engagiere ich mich auch als Schwerbehindertenvertreter für gehandicapte Kolleginnen und Kollegen in der Privatkunden-vertriebsgesellschaft (PVG) der Deutschen Telekom.

Weiterhin kann ich mir vorstellen, in Zukunft Ski- und Sommerreisen routiniert zu organisieren, nachdem ich das für Skireisen schon wiederholt im Freundeskreis praktiziert habe. 2017 hatte ich die österreichische Hochgebirgslandschaft im Salzburger Lungau zum ersten Mal im Spätsommer erlebt und war begeistert gewesen. Daraufhin konzipierte ich für den September 2018 eine Wanderreise nach Tweng nahe Obertauern mit dem Landhotel Postgut von Familie Klary als Ausgangspunkt und führte sie mit befreundeten Männern durch. Sie wurde sehr positiv aufgenommen. Dies war auch ein gewichtiges Verdienst von Florian, unserem originellen einheimischen Berg- und Wanderführer, den ich durch Vermittlung der Postgut-Wirtin Helga als Tourenbegleiter gewinnen konnte.

Der Erfolg dieser Wanderwoche ermutigte mich, meine Aktivitäten weiter auszubauen. Ich begann, für September 2019 eine zweiwöchige Wandertour im Lungau auszuarbeiten und diese wiederum im Freundes- und Bekanntenkreis anzubieten. Dabei galt es die Abreise und das Hinzukommen einzelner Teilnehmer, die nicht volle zwei Wochen dabei sein konnten, für die Gruppenintegration und deren Ausgewogenheit zu berücksichtigen.

Zudem erforderte die gegenüber 2018 auf nunmehr dreiundzwanzig Mann verdoppelte Teilnehmerzahl, das Wandern in zwei unterschiedlichen Schwierigkeitsgraden zu planen und zu organisieren. Neben einer sehr starken Gruppe, natürlich wieder mit Florian, dem Gipfelstürmer, und mir, sollte eine konditionell nicht ganz so kraftstrotzende zweite Gruppe die immer noch anspruchsvollen Tourenetappen mit ein wenig zurückgenommenem Tempo oder um ein paar Hundert Höhenmeter verkürzt angehen. Eine Entscheidung für die eine oder andere Gruppe blieb – nach Schwierigkeitsgrad und eigenem Zutrauen in die jeweilige Tagesform – dem Wunsch der Wanderer überlassen. Auf Empfehlung von Florian konnte ich 2019 für die zweite Gruppe Marion engagieren, eine einheimische Wanderführerin, die mit ihrer zugewandten, herzlichen Art von Beginn an die Sympathien ihrer Mitwanderer eroberte.

Auch dieses Konzept hat sich bewährt und alle Bergwanderungen sind sehr erfreulich verlaufen. Im Anschluss an die abwechslungsreichen Touren machte den Urlaubern das Wellnessangebot und das gemeinsame Abendmenü im Landhotel Postgut in Tweng viel Freude.

Die Planungen für 2020 waren bereits weit gediehen. Leider konnten die geplanten Wanderwochen im September 2020 jedoch nicht stattfinden und mussten abgesagt werden. Einflüsse der aktuellen Coronapandemie lassen derzeit auch kaum zuverlässige Prognosen für die weitere Entwicklung zu. Inzwischen gibt es aber eine realisierbare Folgeplanung für das Jahr 2021, sodass daraus künftig möglicherweise ein neues semiprofessionelles nebenberufliches Tätigkeitsfeld für mich entstehen kann.

Wenige Tage nach meiner Rückkehr aus dem Lungau überraschte mich die Einladung zu einer besonderen Anerkennung. Die Verleihung der Sportplakette des Landes Rheinland-Pfalz für hervorragende sportliche Leistungen, für besondere Verdienste um den Sport, die Menschen und das Land durch die Ministerpräsidentin Malu Dreyer in einem feierlichen Festakt in der Staatskanzlei Mainz am 15. Oktober 2019 hat mich sehr berührt. Diese Ehrung betrachte ich als einen würdigen Rückblick auf meine Laufbahn als aktiver Leistungssportler im Hochsprung und als Wertschätzung meines bisherigen sportlichen und sozialen Engagements bei meinem Verein TuS Rot-Weiß Koblenz.
Selbstverständlich werde ich mich weiterhin für den Behindertensport und dessen stärkere Verankerung und Akzeptanz im Bewusstsein der Menschen engagieren, mich für Inklusion einsetzen und mich auch weiteren neuen sportlichen Herausforderungen stellen.

Verleihung der Ehrenplakette des Landes Rheinland Pfalz durch Ministerpräsidentin Malu Dreyer am 15. Oktober 2019, Foto von Staatskanzlei RLP - Peter Pulkowski

DER MENSCH

REINHOLD BÖTZEL

IN BILDERN

Oben links S. 118:
Auszeit in den Bergen 2019
im Salzburgerland

Oben rechts S. 118:
Entspannung in der Natur

Unten S. 118:
Time to relax im Haus des
Sports in Stuttgart 2017,
Fotograf Michael Pogoda

Oben:
Abendstimmung am See
in Kienbaum 2018, Foto-
graf Michael Pogoda

Unten:
Tagesausklang am Block-
haus im Trainingslager in
Kienbaum 2018, Fotograf
Michael Pogoda

Oben S. 120:
Jump im Haus des Sports in Stuttgart
2017, Fotograf Michael Pogoda

Unten links S. 120:
Wanderwochen im Lungau Sept. 2019, an
der Oberhütte bei
Obertauern

Unten rechts S. 120:
Radtour auf Gran Canaria 2017

Oben:
Tandem-Fallschirmsprung über den
Dünen von Maspalomas 27.11.2019,
Fotograf Paco Romero/Skydive Gran
Canaria

Unten:
Kitesurfen auf Fehmarn 2020

STIMMEN

ZU REINHOLD

Reinhold – engagierter Sportler, wertvoller Mensch und guter Freund

Am Ende eines langen, schönen Ausflugstags auf die Nachbarinsel Teneriffa am 24. November 2015 war ich nach hohem Wellengang bei der Überfahrt froh über die Rückkehr auf meine Urlaubsinsel Gran Canaria.

Für das Abendbuffet war es schon zu spät. So ahnte ich nichts von der Ankunft eines mir noch unbekannten Neuankömmlings. Am nächsten Morgen beim Frühstücksbuffet bemerkte ich den neuen Gast. Ein jüngerer Mann mit viel sympathischer Ausstrahlung und pfiffigem Gesichtsausdruck im farbfrisch karierten Hemd und mit nur einem Arm setzte sich drei Tische von mir entfernt an seinen Platz. Da wir an diesem Morgen beide längs des Buffets saßen, waren wir automatisch im Blickfeld des anderen. Ohne es zu wollen, konnte ich den Neuen beim Auflegen seiner Auswahl an Frühstücksteilen auf den am Buffetrand von ihm platzierten Teller unauffällig beobachten. Dabei fing ich an, ihn zu bewundern, wie geschickt und gekonnt er dies mit einem Arm problemlos bewältigte. Gleichzeitig machte es mich sehr nachdenklich, wie einem das Leben mitspielen kann und wie viel mehr an physischer und psychischer Kraft und Energie der „Einarmige" im Vergleich zu mir selbst für seine Lebensbewältigung wohl einsetzen musste.

Nun, das Frühstücksbuffet ging vorbei und jeder von uns ging seiner Wege, ohne dass wir ein Wort gewechselt hatten. Es kam das Buffet am Abend, am nächsten Morgen und wieder am Abend und man sah sich von weitem in versetztem Zeitrhythmus, teilweise überschneidend, an unterschiedlich entfernten Tischen. Wenn ich ihn dabei zufällig im Blickfeld hatte, faszinierten mich jedes Mal seine Geschicklichkeit und sein Auftreten.

An jenem Abend hatte ich Lust rauszugehen. Um unter die Menschen zu kommen und mich evtl. von Musik berieseln zu lassen, ging ich in eine Bar. Der Ober brachte mir gerade einen Wodka Lemon an die Bartheke, als auf einmal der „Einarmige" aus dem Hotel neben mir auftauchte und auch ein Getränk bestellte. Wir wandten uns die Gesichter zu und sagten fast gleichzeitig: „Wir kennen uns doch vom Sehen aus dem Hotel." So kamen wir ins Gespräch und er erzählte mir, dass er nur zum Buffet ins Hotel komme, sein Appartement aber in der Nähe gelegen sei, dort habe er einen Kraft- und Fitnessraum und ich erfuhr, dass er zum Trainieren auf der Insel war. Damit war mir klar, dass er ein bekannter Sportler sein musste, was er bejahte, ohne sich näher dazu zu äußern. Ich fragte ihn dann, ob ich ihn eigentlich kennen müsste. Er antwortete mit seinem strahlenden Lächeln verschmitzt: „Kennen müssen nicht, nein ... aber kennen können schon." Ich war etwas perplex, konnte ihm über seinen Sport an diesem Abend aber nicht mehr viel entlocken. Wir plauderten noch eine Weile, fingen an, uns als Reinhold und Dieter zu duzen, und stellten fest, dass wir uns auch in allgemeinen Themen und Ansichten gut verstehen könnten. Da auf der Terrasse Bekannte von Reinhold aus Hannover saßen, mit denen er sich noch unterhalten wollte, verabschiedeten wir uns nach geraumer Zeit auf ein unbestimmtes nächstes Mal.

Als ich später in mein Aparthotel zurückkehrte, schaltete ich neugierig geworden mein Tablet ein, um mir mit den wenigen Stichworten, die in unser Gespräch eingeflossen waren, über Reinhold und seinen Sport vielleicht eine konkretere Information einzuholen ... und tatsächlich: er war ein ganz Großer im Parasport und vor allem in seiner Schwerpunktdisziplin Hochsprung. Ich war schwer beeindruckt, was ich in seiner Leistungsvita an Erfolgen nachschlagen konnte.

Nachdem wir uns am nächsten Morgen beim Frühstücksbuffet wieder über den Weg liefen, verständigten wir uns in der Nachwirkung auf die angenehme Vorabendbegegnung, dass wir uns

zu den Mahlzeiten auch gemeinsam an einen Tisch setzen könnten. Das taten wir dann, und wir verstanden uns weiterhin gut.
Leider hatte ich nur noch wenige Tage Urlaub. Reinhold blieb
eine Woche länger zum Trainingslager. Da in diese Woche sein
vierzigster Geburtstag fiel, hatte ich mit den mir bekannten Menschen vom Service dank meiner spanischen Sprachkenntnisse
noch vor meiner Abreise für diesen Tag eine Überraschungsgra-
tulation arrangiert und konnte ihm so eine kleine Freude machen.
Nach meiner Rückreise schrieb mir Reinhold, was für ein komi-
sches Gefühl es sei, zu den Mahlzeiten wieder allein am Tisch zu
sitzen.

Wir hielten Kontakt und bald nach Gran Canaria war Weihnachten. Während eines Besuchs bei seiner Mutter und den Verwandten in Albershausen trafen wir uns zusammen mit seinem Partner
Günter am zweiten Weihnachtsfeiertag in Stuttgart. Nach einem
Besuch im Kunstmuseum mit einer Ausstellungsebene für zeit-
genössische Malerei kamen wir auf dem Schloßplatz an einem
Stand mit Wurstbraterei vorbei. Reinhold wollte unbedingt eine
rote Wurst vom Bratrost, die er dort im Brötchen überreicht bekam. Schon im Weggehen drehte ich mich um und sah ihn, das
Wurstbrötchen in der Hand, den Kopf schräg geneigt, mit Mie-
nenspiel, ohne ein Wort, aber bittenden Augen, neben dem Senftopf stehen. Mir war sofort klar, eine zweite helfende Hand musste den Senfdrücker bedienen. Es war eine der wenigen Situationen, wo Unterstützung für ihn angebracht war. Inzwischen hatte
ich schon gelernt, nicht ständig meine Hilfe anzubieten, wo Reinhold die meisten Dinge des Lebensalltags absolut und bemer-
kenswert selbständig meistern konnte und wollte. Er hat sich die
Bewältigung fast aller Tätigkeiten und Handlungen mit einem
Arm selbst angeeignet. Es geht fast alles, nur z. B. mal Schnür-
senkel binden oder der Senftopf, siehe oben, bedürfen eines Un-
terstützers. Brötchen schneiden und bestreichen sind für ihn nur
ab und zu und dann vom richtigen Helfer akzeptierte Serviceleis-

tungen, sonst bewältigt er auch das einfach selbst. Dass ich zum Kreis derer gehöre, die hin und wieder gefragt werden, vermittelt mir ein gutes Gefühl des Vertrauens.

Beim Stuttgarter Treffen hatten wir vor dem Hintergrund vorheriger Diskussionen über den Parasport darüber gesprochen, dass es zwar eine Pressemappe und einen Internetauftritt von Reinhold gab, die Aktualität aber inzwischen um drei bis vier Jahre aus der Zeit gefallen war. Ich bot an, mich ein wenig für ihn zu engagieren und ihn in der Arbeit vor, hinter und neben dem Sport zu unterstützen. Seine Themen und Präsentationen wollte ich unter Einbeziehung professioneller Hilfe auf einen aktuelleren Stand bringen. Mit selbst erstellten Powerpoint-Vorlagen konnte ich dafür eine Ausgangsbasis für die ergänzende weitere Koordination mit Grafikdesignern und dem Mediengestalter einer Agentur erstellen. Selbstverständlich werden alle Textbeiträge und die jeweilige Fotoauswahl von Reinhold und mir bis zur Veröffentlichung des Endprodukts immer wieder abgestimmt. Neben der aktuellen Darstellung war und ist die Gewinnung von Sponsoren permanent ein gewichtiges Ziel geblieben, das sich jedoch nur punktuell und höchstens durch Einzelrabattierung (z. B. Buchhandel, Körperpflegeprodukte) realisieren ließ und trotz allen Bemühens zu meiner großen persönlichen Enttäuschung leider ein Flop geblieben ist, was ich bedaure und weshalb ich mich immer wieder selbst hinterfrage.
Letzteres hat mich von Anbeginn dazu geführt, mich nicht nur mit Reinhold als Hochleistungssportler, sondern durch ihn auch intensiver mit dem gesamten Parasport und seinen Athleten auseinanderzusetzen. In der Erkenntnis stoßen die den regulären sportlichen Wettkämpfen nachgeordneten Para-Meisterschaften häufig auf ein reduziertes Interesse oder sogar Desinteresse, was sich in der oft schwachen Medienberichterstattung und häufig durch mangelnde Besucherzahlen in den Wettkampfstätten oder Stadien ausdrückt. Ein jüngeres treffendes Beispiel dafür liefern

die Para-Leichtathletik-Europameisterschaften im August 2018 in Berlin. Die zurückhaltende Wertschätzung erscheint vor allem nur für einige Para-Goldmedaillengewinner dort durchbrochen, wo sich die Unterstützer und Sponsoren von deren Vermarktung genügend Öffentlichkeitswirksamkeit und eine Umsatzsteigerung für ihre Produkte und Dienstleistungen versprechen, wo also eher ein ausgeprägtes Geschäftsinteresse und vermutlich nicht vorrangig der Mensch und Sportler von entsprechender Bedeutung ist.

Mit der Zusammenfassung und Aktualisierung der persönlichen Daten und sportlichen Erfolge kamen wir im Frühjahr 2016 zur ersten zwölfseitigen Farbbroschüre von Reinhold und zu Visitenkarten. Nach der Para-Leichtathletik-EM im Juni 2016 in Grosseto und seinem Silbermedaillengewinn arbeiteten wir mit einem Printshop-Designer seine ansprechende Autogrammkarte aus. Parallel begann auf Anregung mit einer über vierzigseitigen Informationsbroschüre vom Deutschen Behindertensportverband (DBS) und Deutschen Olympischen Sportbund (DOSB) unsere gemeinsame Entwicklung von Reinholds Social-Media-Auftritt. Zunächst wurde in Zusammenarbeit mit einem Mediengestalter aus den Inhalten der Broschüre in modifizierter Form eine Homepage in Text und Bild für Reinhold entwickelt und freigeschaltet. Unter Einbeziehung von Übersetzern wurde diese auch in die englische und danach in die spanische Sprache übertragen. Hinzugekommen ist der Aufbau von Reinholds Daten in Facebook und danach auch die Verwendung von Instagram. Außerdem wurde 2017 nochmals eine zweite, erweiterte Farbbroschüre abgestimmt und gefertigt. Nachdem diese vergriffen war, wurde sie 2019 mit geringfügigen Anpassungen neu aufgelegt.

Zwischen allen Aktivitäten durfte ich zu Qualifikation, Leistungsstand und/oder bevorstehenden bzw. gewesenen sportlichen Ereignissen mit Beteiligung von Reinhold entsprechende Pressemitteilungen verfassen und mit oft gemeinsam zu suchenden geeigneten Fotos an verschiedene Tageszeitungen übermitteln. In der Regel bewegte sich dies in einem Rahmen von insgesamt je zwölf bis sechzehn Tageszeitungen, inklusive Online-Sportberichterstattung. Dabei bedienen wir seine Arbeits- und Trainingsregion Hannover, den Raum seines Behindertensport-Schwerpunktvereins Koblenz/Rheinland-Pfalz und durch die frühere Verbundenheit den Raum Göppingen/Esslingen/Stuttgart.

Von Zeit zu Zeit macht es Reinhold Spaß, von Veranstaltungsorganisatoren zur Teilnahme an besonderen Ereignissen angefragt zu werden, z. B. zu einem Treppenlauf-Wettkampf in Koblenz mit Jugendlichen, oder sich in einem Schulprojekt in Seelingstädt zu den Paralympics interviewen zu lassen usw.

Eines längeren Vorlaufs mit Kommunikation in Englisch bedurfte es für Reinhold und mich für einen ganzen Drehtag des Senders Sky Arts in Hannover mit einem italienischen Koordinationsteam im Februar 2017: ein reporter-/fotografiebegleiteter Tagesablauf vom Frühstück in Reinholds Wohnung über Trainingseinheiten im Bundesleistungszentrum mit seiner Trainerin Astrid Fredebold-Onnen, eine physiotherapeutische Sitzung in Wunstorf, ein gemeinsames Essen und ein Treffen bei der Eislaufbahn am Pferdeturm bis hin zum Ausklang in der Hannoveraner Altstadt mit abschließenden Interviews. Der gelungene Videobeitrag wurde im Rahmen der Sendung Master of Photography im Sommer 2017 in D, A, I, GB und IRL ausgestrahlt.

So haben sich meine Management- und Beratungsaufgaben für Reinhold („Da könntest du mal ein bisschen unterstützen") über alle Anfangsüberlegungen von 2015 hinaus immer mehr erweitert. Heute kann ich sagen, es hat mir immer Spaß gemacht, mich für und mit Reinhold zu engagieren. Das Zusammenwirken hat mir als älterem Semester persönlich viel gegeben und mir im Social-Media-Bereich Einblicke vermittelt, die ich sonst vermutlich nicht bekommen hätte. Neben dem Lerneffekt habe ich die Unermüdlichkeit von Reinhold, seine schnelle Auffassungsgabe, seine Entscheidungsfreude, sein Umsetzungstempo, aber auch den privaten Gedankenaustausch am Rande von Wettkämpfen oder bei verschiedenen Begegnungen in Hannover, in Süddeutschland, in Österreich oder bei den Trainingslagern auf Gran Canaria kennen und schätzen gelernt.

Besondere Sportereignisse, wie die Paralympics 2016 in Rio, die Para-Leichtathletik-WM 2017 in London und die Para-Leichtathletik-EM 2018 in Berlin, die ich jeweils im kompletten Zeitraum vor Ort miterlebt habe, gaben mir durch Reinhold den beeindruckenden atmosphärischen Bezug zu Respekt und großer Anerkennung für die Leistungen der Parasportlerinnen und Parasportler.

Mein persönliches Resümee:
Reinhold ist ein sehr selbständiger Mensch. Er denkt sozial, er hat Gefühl. Er fordert sich viel ab und erwartet auch einiges von anderen. Er kann ungeduldig sein, packt viel in seine Tagesabläufe hinein, er ist konsequent, entscheidet meist sehr schnell und treffend.

Ich kann heute sagen, ich habe in Reinhold Bötzel einen engagierten Sportler und wertvollen Menschen mit all seinen Vorzügen und Marotten kennengelernt, dessen Freundschaft mir über die grundlegende Beratertätigkeit hinaus sehr viel bedeutet.

Dieter Hübl

PS: Nachfolgend noch einige unvollständige Eindrücke als evtl. Ansatzpunkte für mehr ... doch nicht mehr zu viel, sonst schreibe ich ja über diese fünf Jahre fast einen Teil meiner eigenen Biografie:

Rio:

Insbesondere ist mir aus Rio Reinholds unbefangenes, gutes Interview in einem Video für die ARD-Sportschau nach seinem Hochsprungwettkampf in bester Erinnerung ... Es ist heute noch in Facebook zu sehen und zu hören ...

Und die begeisterten Brasilianer im Block, die alle aufstanden und applaudierten, als er in seinem Germany-Sportdress zu Günter und mir in die Ränge kam. Sie waren außer Rand und Band, als sie uns ihre Fotoapparate und Handys in die Hand drückten, um sie und ihre Familienangehörigen zusammen mit Reinhold zu fotografieren. Die von Günter mitgebrachte große Deutschlandfahne mit dem aufgedruckten Namen Reinhold Bötzel sollte mit aufs Bild, deswegen riefen sie immer wieder: „com a bandeira" (mit der Fahne).

Auch in schöner Erinnerung: ein Relax-Nachmittag am warmen Ipanema-Strand, Reinhold, Günter und ich im Liegestuhl unterm Sonnenschirm, die großen grünschaligen Kokosnüsse mit Röhrchen zum Austrinken in der Hand.

Oder die Fahrt mit der Zahnradbahn auf den Corcovado zur Jesusstatue und an einem anderen Tag mit der Seilbahn auf den Zuckerhut mit der tollen Aussicht auf Rio von oben ...

Und sonst ...

Reinhold kann mehr als Leistungssport, z. B. das Organisieren der Wanderwoche in Tweng im September 2018, gut geplante Abläufe, es hat alles perfekt geklappt, Rücksichtnahme auf „Fußlahme" – er bleibt bei langsamen Wanderern hinten, macht nach der Rückkehr ins Landhotel Postgut in Tweng im Wellnessbereich Saunaaufgüsse für die Wandergruppe ... und ordnet sich selber hintenan. Er plante aus der ersten Erfahrung für September 2019 die Splittung der Gruppe in schwächere und starke Wanderer mit zwei einheimischen Wanderbegleitern ... Es hat mit 23 Personen gut funktioniert und soll nach Corona bedingter Absage 2020 ab dem Jahr 2021 erneut in der bewährten Form wiederholt werden.

Spontaner Anruf Reinholds bei mir im April 2018, Sonntagabend um halb zwölf: Kannst du drei Tage mit Michael (Fotograf aus dem Bekanntenkreis) ins Bundesleistungszentrum nach Kienbaum bei Berlin kommen ...? Hä ... binnen vier Tagen von Stuttgart, so kurzfristig? Habe das mit Michael jongliert ... Flug nach Tegel, Leihwagen ... Reinhold kümmerte sich um unsere Unterbringung im BLZ für ein langes Wochenende. Letztlich hat alles gepasst, inklusive des Fotoshootings mit Reinhold.

Dieter Hübl

Reinhold – ein Vorbild für alle Menschen

Reinhold, ein beeindruckendes Vorbild für alle Menschen, die in ihrem persönlichen Tal stecken und positive Motivation von außen brauchen. Ich durfte Reinhold schon vor vielen Jahren kennenlernen. Seine Freundschaft und positive Lebenseinstellung begleiten mich seit meiner Jugend.

Bei der Gala zur Verleihung der Auszeichnung „Sportler des Jahres" des BSN haben sich unsere Wege gekreuzt.

Welche Attribute würde ich verwenden, um Reinhold zu beschreiben? Charismatisch, charmant, humorvoll, ehrgeizig, einarmig. Sein Umgang mit seinem Handicap hat mich von Anfang an beeindruckt. Offen und schonungslos ehrlich beschreibt er seine Einstellung.

Ich habe nie die Worte „was wäre, wenn" aus seinem Mund gehört. Nur ein „so ist es und das ist es, was mein Leben zu dem gemacht hat, was es ist".

Heutzutage arbeite ich als Physiotherapeutin und meine Einstellung und mein Umgang mit meinen Patienten und ihren Geschichten und Schicksalen ist unter anderem durch Reinholds positive Art geprägt.

Man kann viele Dinge im Leben nicht ändern. Ihnen aber immer einen positiven Rahmen geben. Eine große Portion Ehrgeiz und Humor macht vieles möglich, was anfänglich unmöglich erscheint. Manchmal bieten sich sogar Chancen, die das Leben einem nicht geboten hätte, wenn das Schicksal einen anderen Weg gewählt hätte. Eine Karriere als Profisportler zum Beispiel. 😊

Svenja Klaassen

Reinhold – ein echter Freund

Als ich Reinhold kennenlernen durfte, wurde mir eines sofort klar: er hat sein Herz am rechten Fleck. Reinhold kam als Wintergast im Jahr 2007 erstmals zu mir in unser Hotel. Ich bewunderte seine positive Lebenseinstellung, seine Energie, seinen Tatendrang, der durch nichts zu bremsen schien. Egal ob beim Skifahren oder beim Wandern oder Reiten – Reinhold ist mit all seinem Tun immer voll dabei. Er genießt den Pulverschnee, er liebt die menschenverlassenen Berge und fühlt sich auf dem Rücken von unserer Norikerstute Stella einfach wohl.

Ein „das kann ich nicht" gibt es bei ihm nicht – und das ist in meinen Augen seine große Stärke. Er zeigte mir, dass einfach alles zu schaffen ist – mit oder ohne Handicap –, solange man an sich glaubt. Ich bin sehr stolz, dass ich Reinhold zu meinen Freunden zählen darf, egal welches Problem ansteht, egal was passiert – ich weiß, dass ich in Reinhold einen Freund gefunden habe, der zu mir steht. Und das ist in der heutigen Welt sehr wichtig geworden – echte und ehrliche Freundschaft!

Helga Klary

Reinhold, mein Freund!

Reinhold, mein Freund!

Wir haben uns 2003 kennengelernt. Seinerzeit hatte ich gerade die Stelle als Leistungssportkoordinator im Behinderten-Sportverband Niedersachsen e.V. angetreten und lernte nach und nach alle Spitzensportlerinnen und Sportler kennen.

Ich kann mich noch gut daran erinnern, wie ich Dich im Rahmen der Gala zum Behindertensportler des Jahres in Niedersachsen zum ersten Mal getroffen habe. Ich konnte bei Dir sofort spüren, dass Du von Dir aus unglaublich motiviert und ehrgeizig genug warst, um im Leistungssport erfolgreich zu sein. Deine körperlichen Voraussetzungen waren für einen Hochspringer im Bereich des Behindertensportes exzellent und man konnte von Dir einiges erwarten.

Die Geschichte sollte recht behalten. Als einer von wenigen Athleten, bist Du von Sydney 2000 bis Rio 2016 dabei gewesen. Das ist herausragend und man darf sich vor dieser Leistung verneigen. Es ist der Lohn unfassbar harter Trainingsarbeit und Disziplin kombiniert mit Schmerzen und Entbehrungen.

Apropos, im Rahmen der Trainingsarbeit hat mich damals vor allem umgehauen, als ich erfahren habe, was Du beruflich machst. (Anm.: Denn Athleten im Behindertensport sind damals wie heute alles andere als Profis, die ihren Lebensunterhalt mit dem Sport verdienen.) Du hast Dein intensives Training absolviert, nachdem Du als Mitarbeiter in einem Telekom Store acht Stunden hauptsächlich im Stehen gearbeitet hast. So etwas wäre im Sport der Nichtbehinderten undenkbar und man kann sich gut vorstellen, dass hier vieles auf der Strecke bleiben musste.

Könnte man die Zeit zurückdrehen und Du könntest mit der heutigen zunehmenden Professionalisierung im Behindertensport

Deine Karriere erneut starten, so wäre sicher auch noch ein größerer paralympischer Erfolg möglich gewesen.

Der Sport ist viel, aber nicht alles! Reinhold, Du bist seit Beginn unseres Kennenlernens ein sehr guter Freund von mir und meiner Frau Ulrike geworden. Sie hat eine Zeit lang auch Deine Vermarktung übernommen. So konnten wir Dich noch sehr viel besser kennenlernen.

Um dich zu beschreiben, braucht es nicht viele Worte: Leidenschaft und positive Einstellung!

Du lässt Dich mitreißen und bist begeistert Neues zu entdecken. Ein geht nicht, gibt es für Dich nicht! Du suchst die Lösungen und hast stets tolle Ideen und Pläne. Du versuchst Dich immer wieder neu zu entdecken und schiebst dabei neue Projekte an. Deine immer positive Einstellung und Leidenschaft mit der Du auf Deine Mitmenschen zugehst ist beeindruckend und inspirierend und gleichermaßen lässt Du Dich auch von diesen Begegnungen begeistern. Ich bin mir sicher, das Abenteuer des Lebens wird dich auch weiterhin inspirieren.

Ich bin sehr froh und glücklich darüber, dass sich unsere Wege getroffen haben und eine auch über die Entfernung gute Freundschaft entstanden ist.

Anthony Kahlfeldt

Der Spruch „Das kannst du nicht"
gilt für Reinhold nicht

Reinhold bat mich, einige Zeilen über unsere Freundschaft zu schreiben. Das will ich gerne tun.

Ich sah Reinhold bei einigen Saunabesuchen Ende der 90er Jahre, doch erst etwas später Anfang 2000 sprach ich ihn an, weil ich bemerkte, dass er, sonst ein sportlich durchtrainierter Mann, eine Ganganomalie aufwies. Das weckte mein medizinisches Interesse und ich sprach ihn an. Er sagte mir, dass er einen Muskelfaserriss in der Oberschenkelmuskulatur habe und daher schlecht laufen könne.

Wie er mir damals sagte, befürchtete er, dass er seinen Sport nicht wieder so ausüben können würde, wie vor der Verletzung. Etwas, was glaube ich, jedem Leistungssportler wie ihm in einer solchen Situation durch den Kopf geht.

Ich bot ihm an, in meine Behandlung zu kommen, was er dann auch tat. Mit Laser, Tape und noch einigen naturheilkundlichen Techniken konnte ich ihm tatsächlich helfen um seinen Sport wieder so auszuüben wie er es vor der Verletzung tat.

Ich habe Reinhold als absoluten Leistungssportler kennengelernt. Ein Sportler der sehr diszipliniert ist, hart trainiert und seinem Körper immer das Letzte abverlangt. Dabei ist es wie mit jeder Hochleistungsmaschine. Sie ist anfälliger für Störungen. Und auch Reinhold wurde im Laufe der Zeit von dem einen und anderen gesundheitlichen Problem heimgesucht.

Dabei muss man sagen, dass zum Glück nie etwas Gravierendes aufgetreten ist. Das spricht für sein gutes Körpergefühl. Aber wie jeder Sportler geht auch er manchmal über seine Grenzen.

Grenzen scheint es für Reinhold nicht zu geben. Wenn ein Sport, wie das Kiten, das neben Gleichgewicht, Geschicklichkeit und

Ausdauer, schon für Menschen ohne Behinderung eine Herausforderung ist, wie muss das für einen Armamputierten sein? Für mich unvorstellbar und doch betreibt Reinhold diesen Sport neben einigen anderen Sportarten.

Der Spruch „das kannst du nicht" gibt es für ihn nicht. Seit der Zeit bin ich nicht nur einer seiner Therapeuten, sondern auch ein, wie ich glaube, guter Freund geworden.

So wie ich ihm in gesundheitlichen Probleme helfe, so hilft er mir in seinem Bereich der Telekommunikation im weitesten Sinne. Ich habe noch nie einen Mitarbeiter der Telekom erlebt, der ein so umfassendes Wissen über Verträge, Tarife und auch über die Hardware hat. Er ist jederzeit für mich da.

Ich schätze bei Reinhold sehr seine Ehrlichkeit und seine absolute Zuverlässigkeit. Mittlerweile sind wir gute Freunde, die sich gegenseitig unterstützen.

Peter Ibing

Anhang

Die folgenden Angaben stellen eine weitreichende Auswahl dar. Absolute Vollständigkeit war nicht möglich, da im Laufe der Jahre einige Daten verloren gegangen sind bzw. die historische Entwicklung von den Sportverbänden nicht in allen Einzelheiten im Internet nachdokumentiert wurde / werden konnte.

1) Abkürzungsverzeichnis

AOK: Allgemeine Ortskrankenkasse

AWD: Allgemeiner Wirtschaftsdienst Holding AG

BLZ: Bundesleistungszentrum

BSG: Behindertensport-Gemeinschaft Göppingen e. V.; heute VSG (s. u.)

BSN: Behinderten-Sportverband Niedersachsen

DBS: Deutscher Behindertensportverband

DM: Deutsche Meisterschaft(en)

dpa: Deutsche Presseagentur (i. V. m. PA)

DSV: Deutscher Schwimmverband

EM: Europameisterschaft(en)

HAZ: Hannoversche Allgemeine Zeitung

HDI: Haftpflicht der Deutschen Wirtschaft HDI-Arena, von 1954 bis 2002: Niedersachsenstadion; 2002–2013: AWD-Arena

IDM: Internationale Deutsche Meisterschaft(en)

IOC: International Olympic Committee

IPC: International Paralympic Committee

ISOD: International Sports Federation of the Disabled Vorgängername von: International Wheelchair and Amputee Sports Federation

IWAS: International Wheelchair and Amputee Sports Federation

LA: Leichtathletik

LM: Landesmeisterschaft(en)

LBS: Landesbausparkasse

LSB: Landessportbund

LVA: Landesversicherungsanstalt

MTV: Männerturnverein

NBS:	Nienburger Behinderten-Sport; heute RSN (s. u.)
nds.:	niedersächsisch
NHN:	Normalhöhennull
NWZ:	Neue Württembergische Zeitung (Göppingen)
PA:	Picture Alliance (Frankfurt am Main)
PR:	Public Relations
RDA:	Reise-Ring Deutscher Autobusunternehmungen, 1951 gegründet; heute: Internationaler Bustouristik Verband e. V.
RLP:	Rheinland-Pfalz
RSN:	Rehabilitation und Behindertensport e. V. Nienburg; früher: NBS (s. o.)
SC:	Sportclub
SLS:	Schwul-Lesbischer Sportverein Leinebagger Hannover e. V.
SLZ:	Sportleistungszentrum
Super-G:	Super Giant Slalom / Superriesenslalom
SWR:	Südwestrundfunk
TSGV:	Turn-, Sport- und Gesangsverein
TuS:	Turn- und Sportfreunde Koblenz e. V.
VfL:	Verein für Leichtathletik
VSG:	Versehrtensportgemeinschaft Göppingen; früher BSG (s. o.)
WG:	Wohngemeinschaft
WM:	Weltmeisterschaft(en)
WVS:	Württembergischer Versehrtensportverband

2) Verzeichnis der Auszeichnungen

Diverses

- Schild: S. P. H. Fleurus 25.11.1990 (Sport pour Handicapés, Fleurus in Belgien, nördlich von Charleroi und westlich von Namur gelegen)
- Eine Art Untersetzer: Landesmeisterschaft der Behinderten 1997. 21.06.1997, Stadt Sulingen
- Relief: SAP Walldorf [Firma]: LA-Behindertenmeisterschaft 1999 (SAP: Systeme, Anwendungen und Produkte in der Datenverarbeitung)

Pokale

- Meister auf 2 Rädern [ohne Datum]
- Württ. Schwimm-Meisterschaften 1989, Ehrenpreis der VSG Tuttlingen e. V.
- Ehrenpreis Gunter Geir: Internationale Deutsche Meisterschaft 1991

- DBSJ: Jugend-Länder-Cup 1992, Burghausen
- 45. Tiroler Behindertenmeisterschaft Villgraten 1993, Ehrenpreis Direktor Heinrich Schultz
- Aulendorf 1993
- Moerser SC 1993
- 3. Platz Paralympics-Revival 1995
- LA-LM für Behinderte, 10.06.1995 Diepholz
- Nordharzer Behinderten-Sportfest 08.09.2001 in Halberstadt

Zinnbecher

- WVS: große Zinnbecher: 1990 (2 Becher), 1991, 1992, 1994
- VSG: kleine Zinnbecher: 1985, 1986, 1987, 1988, 1989
- BSG: kleine Becher: 1990, 1991, 1992, 1993

Medaillen

(ab dem Jahr 2000 ausschließlich auf den Hochsprung bezogen, wenn kein Vermerk)

1985:	Sportjugend Kreis Göppingen: Für besondere Leistungen und Verdienste im Sport 1985
1985:	6. Gaubergfest 1985 Hürben. Turngau Ostwürttemberg, Schwäbischer Turnerbund
1986:	Sportjugend Kreis Göppingen: Für besondere Leistungen und Verdienste im Sport 1986
1986:	AOK: Ein Trimm-Taler 1986
1986:	Gaubergfest Hürben 1986
1986:	Kinderturnfest Turngau Staufen 1986: „turn mit". „Für Deine Leistungen"
1987:	Kinderturnfest Turngau Staufen 1987: „turn mit". „Für Deine Leistungen"
1987:	Sportjugend Göppingen. Für besondere Leistungen und Verdienste 1987
1987:	DBS: Internationale Deutsche Jugendmeisterschaften im Schwimmen, Lübeck 1987
1988:	WVS: 2. WVS Sportfest Kinder und Jugendliche 18. Sept. 1988 Göppingen
1988:	40 Jahre Versehrtensport 1948–1988 TSG Tübingen
1988:	Gaubergfest Hürben-Kaltenburg 1988
1989:	30 Jahre Versehrtensport 1959–1989 VSG Herbrechtingen
1989:	dsv 24 Stunden arena, 43. Landessportfest 1989
1989:	DBS: Jugendländercup 1989 Jugend II Schwimmen
1990:	DBS: Deutsche Meisterschaften im Schwimmen Berlin 1990
1991:	DBS: 5. Jugend-Länder-Cup 1991 Saarbrücken
1991:	DBS: Intern. Offene Dt. Meisterschaften in LA 1991 Rottweil
1990:	DBS: Jugend-Länder-Cup 1990 Neumünster
1991:	DBS: Intern. Meisterschaften im Schwimmen 1991 Dortmund

Oben links:
*Bronze bei Paralympics 2000
in Sydney (4 x 100 m Staffel)*

Oben Mitte:
*Silber bei der IPC-Europa-
meisterschaft 2016 in Grosseto*

Oben rechts:
*Gold bei der IPC-Europameisterschaft
2014 in Swansea*

Mitte rechts:
*Gold und Weltmeister.
Weltmeisterschaft in Lille 2002,
1,97 m (Weltrekord bis 2006)*

Unten links:
*Gold und Europameister.
Europameisterschaft 2001 in Assen,
1,96 m (Weltrekord, Europarekord
und Deutscher Rekord / bis heute
Europarekordhalter im Hochsprung)*

1992:	DBS: Intern. Deutsche Jugendmeisterschaften in der LA 1992 Schleswig
1992:	BW-M 1992 (Baden-Württemberg-Meisterschaft im Skifahren)
1992:	DBS: 6. Jugend-Länder-Cup 1992 Burghausen
1993:	DBS: Deutsche Meisterschaften in der LA 1993 Wunstorf
1994:	DBS: Intern. Deutsche Meisterschaften 1994 Bischofswiesen
1995:	DBS: Intern. Deutsche Meisterschaften 1995 Bischofswiesen
1995:	Sportlerwahl 1995 Nienburg
1996:	Sportlerwahl 1996, Nienburg, Sportler des Jahres
1996:	DBS: Intern. Deutsche Meisterschaften 1996 Bischofswiesen
1996:	DBS: Intern. Meisterschaften LA 1996
1996:	DBS: Intern. Meisterschaften Leichtathletik 1996 Schleswig: Hochsprung: GOLD, Weitsprung: GOLD, 100-m-Lauf: GOLD
1997:	Landesmeisterschaften LA der Behinderten 1997, 21.06.1997 Sulingen
1997:	DBS: Intern. Deutsche Meisterschaften LA 1997 Salzgitter: Hochsprung (1,81 m): GOLD, 100-m-Lauf (12,05 sec): GOLD (nat.), 6. Platz (intern.)
1997:	ISOD European Championships 1997 Leganés Spain (Leganés: ein Vorort von Madrid): Hochsprung (1,77 m): GOLD, Weitsprung: 5. Platz
1997:	Sportlerwahl 1997
1997:	BSN: LM LA 1997
1998:	DBS: Intern. Deutsche Meisterschaften Augsburg: Hochsprung: GOLD, Weitsprung (6,29 m, Deutscher Rekord): GOLD
1998:	BSN LM LA 1998, Lüneburg: Hochsprung (1,90 m, Deutscher Rekord): GOLD, Weitsprung: GOLD
1998:	IPC World Athletic Championship Birmingham 09.–16.08.1998: 4×100-m-Staffel (47,43 sec, Deutscher Rekord): BRONZE
1998:	Sportlerwahl 1998 in Nienburg, Ehrung zum Sportler des Jahres
1999:	DBS Deutsche Meisterschaften Schwetzingen: Hochsprung (1,90 m, Deutscher Rekord): GOLD, Weitsprung: SILBER
1999:	Australian Southern Cross Multidisability Championships, Sydney (Southern Cross): 26.10.–03.11.1999: Weitsprung (5,84 m): GOLD, Hochsprung (1,80 m): SILBER
1999:	Sportlerwahl 1999
2000:	BSN LM LA Wunstorf 13.05.2000: Hochsprung: GOLD, Weitsprung: GOLD
2000:	BSV Intern. Meeting Salzwedel 04.06.2000: Hochsprung, (1,93 m, Weltrekord): GOLD, Weitsprung (6,36 m, Deutscher Rekord): GOLD
2000:	DBS: Intern. Deutsche Meisterschaften Weinstadt 16.–18.06.2000: Hochsprung (1,95 m, Weltrekord): GOLD, Weitsprung (6,27 m): GOLD
2000:	Paralympics Sydney, Australien, 4×100-m-Staffellauf: BRONZE
2000:	Internationales Behindertensportfest Wilhelmshaven 2000
2000:	Sportlerehrung 2000, Nienburg, Sportler des Jahres

2001:   DBS Intern. Deutsche Meisterschaften Hamburg:
Hochsprung (1,92 m): GOLD,
Weitsprung (6,41 m, Deutscher Rekord): GOLD
2001:   EM / Disability Dutch Open Athletics, Assen/Niederlande,
16.06.2001: Hochsprung (1,96 m, **Weltrekord, Europarekord und
Deutscher Rekord** gleichzeitig): GOLD, 4×100-m-Staffel: SILBER,
Weitsprung: BRONZE
Seit 2001 bis heute: Europarekordhalter im Hochsprung (2002 verbessert: 1,97 m)
2002:   Para-WM / World Para Athletic Championships, Lille/Frankreich,
20.–28.07.2002: Hochsprung (1,97 m, **Weltrekord**): GOLD –
Weltrekordhalter 2001 bis 2006
2005:   Para-EM / IPC Athletics Open European Championships,
Espoo/Finnland, 22.–27.08.2005: SILBER
2007:   Para-WM / IWAS World Championships in Athletics, Taipeh/Taiwan,
13.–17.09.2007: Hochsprung (1,88 m): SILBER
2009:   Para-WM / IWAS World Games, Bangalore/Indien,
24.11.–01.12.2009: Hochsprung: GOLD (**Weltmeister**)
2010:   Große Sportehrenplakette der Gemeinde Albershausen für
den Weltmeister im Hochsprung 2009, Albershausen, 23.02.2010
2011:   DBS: IDM / Deutsche Meisterschaften, Singen/Hohentwiel,
23.07.2011: GOLD
2012:   DBS: IDH / Deutsche Hallenmeisterschaften, Halle/Saale,
04.03.2012: GOLD
2012:   DBS: IDM / Deutsche Meisterschaften, Berlin, 16.06.2012: SILBER
2014:   Para-EM / IPC Athletics European Championships, Swansea/Großbritannien,
18.–23.08.2014: GOLD
2016:   Para-EM / IPC Athletics European Championships, Grosseto/Italien,
10.–16.06.2016: SILBER
2017:   DBS Deutsche Meisterschaften Leichtathletik 2017, Erfurt,
27.05.2017: GOLD
2018:   DBS IDH / Deutsche Hallenmeisterschaften, Erfurt, 24.02.2018: GOLD
2018:   DBS Deutsche Meisterschaften Leichtathletik 2018, Kienbaum,
07.07.2018: GOLD
2019:   Große Sportehrenplakette der Gemeinde Albershausen, 11.01.2019
2019:   Verleihung der Sportplakete des Landes Rheinland-Pfalz durch
Ministerpräsidentin Malu Dreyer, Staatskanzlei, Mainz, 15.10.2019

Ohne Jahr: 25 Jahre VSG Münsingen

3) Verzeichnis der
Zeitungs-/Zeitschriften- und Internetartikel
über Reinhold Bötzel

1994: Vermutlich Regionalzeitung Göppingen, 17.02.1994: „Bei den Deutschen Behinderten-Skimeisterschaften: Am schnellsten um die Tore. Drei alpine Meistertitel für Reinhold Bötzel aus Albershausen" (mit Foto).

1994 Vermutlich Regionalzeitung Göppingen, Datum nicht bekannt: „Reinhold Bötzels Eindrücke von der Behinderten-WM [1994]: „Leider viele leere Ränge. Plätze vier und sieben für den Albershäuser Leichtathlet" (mit Foto).

1995: *Sport im WS – Offizielles Organ des Württ. Versehrtensportverbandes e. V.,* 16. Jahrgang, Heft 4, Nov. 1995, S. 35: „Unsere Revival-Teilnehmer: Unter der Lupe … Reinhold Bötzel …" (mit Foto).

1995: *Die Harke – Nienburger Zeitung* (vermutlich), Datum nicht bekannt: „Reinhold Bötzel: Allrounder mit ‚Kick'. Nienburger Behindertensportler in der Leichtathletik und im Ski-Fahren top" (mit Foto).

1995: Zeitung nicht bekannt, möglicherweise: *Die Harke – Nienburger Zeitung,* vermutlich Februar 1995: „Bei miesen Bedingungen holte NBSler Reinhold Bötzel zweimal Bronze. Behinderten-Skisport: Deutsche Meisterschaften / Den Nationalkader im Visier".

1995: *Die Harke – Nienburger Zeitung* (vermutlich): „Reinhold Bötzel – Spitzensportler der Behinderten"; betr. u. a. „Hallenmeeting in Wattenscheid" „vor wenigen Tagen" (mit Foto).

1997: *Die Harke – Nienburger Zeitung,* 18.01.1997: „Bötzel erneut das Maß aller Dinge. Drei Deutsche Meisterschaften für den Nienburger Behindertensportler" (mit Foto).

1997: Zeitung nicht bekannt, vermutlich *Die Harke – Nienburger Zeitung,* Sommer 1997: „Bötzel mit Bestleistung Europameister [betr. EM in Madrid]. Nienburger Behindertensportler dreifacher deutscher Meister/Hochsprung-As" (mit Foto).

1998: *Die Harke – Nienburger Zeitung,* 02.01.1998: „Bötzel mit Bestleistung Europameister" (betr. Hochsprung Platz 1 bei EM in Madrid 1997).

1998: Zeitung nicht bekannt, Frühsommer 1998: „Bötzel löst Ticket zur WM mit zwei Bestleistungen. Behindertensport: Nienburger Leichtathlet glänzt in Wunstorf" (mit Foto).

1998: *Die Harke – Nienburger Zeitung* oder *HAZ am* 09.06.1998: „Bötzel verbessert Deutschen Rekord. Leichtathletik: Nienburger Behindertensportler überspringt 1,90 Meter" (mit Foto).

1998: Zeitung unbekannt, vermutlich um den 09.06.1998: „Reinhold Bötzel überspringt 1,90 Meter. Für den Weltrekord reichte es nicht ganz" (mit Foto). Die Rede ist von den Leichtathletik-Landesmeisterschaften der Behinderten in Lüneburg.

1998: *Neuer Start*, 7–8 [1998]: „Reinhold Bötzel sprang Rekord" (mit Foto). Gemeint sind die Leichtathletik-Landesmeisterschaften der Behinderten in Lüneburg.

1998: *Die Harke – Nienburger Zeitung*, vermutlich Ende Juli 1998: „Vor der WM: Bötzel in Topform! Leichtathlet vom NBS dreifacher Deutscher Meister/Rekord im Weitsprung". Mit der WM gemeint sind die IPC World Athletic Championships in Birmingham 09.–16.08.1998.

1998: *Report 1998*, Ausgabe 3/1998 WM Birmingham, Titelblatt: Foto; S. 5: Medaillengewinner: 4×100-m-Staffel: Bronze; S. 12: Bericht über die 4×100-m-Staffel.

1998: Zeitung unbekannt, möglicherweise *Die Harke – Nienburger Zeitung*, nach dem 17.08.1998: „Bötzel seufzt: ‚Der schlechteste Wettkampf seit fünf Jahren'. Leichtathletik-Weltmeisterschaft der Behinderten: Medaille erst mit der Staffel / Auch Klinker und Frischmann holen Edelmetall".

1998: Zeitung unbekannt, vermutlich *Die Harke – Nienburger Zeitung:* „Behindertensportler geehrt. ‚Titel-Sammler' Reinhold Bötzel (Mitte) wurde im Rathaus geehrt" (mit Foto).

1998: Zeitung unbekannt, möglicherweise 1998: „Sportförderung: Neues Auto für Reinhold Bötzel".

1998: August 1998: Gratulation von Bürgermeister Brieber zu Reinhold Bötzels sportlichen Erfolgen.

1998: 28.11.1998: Fax von Manfred Schür, Fotograf und Interviewer: Interview mit Reinhold Bötzel für schwules Magazin *Du&Ich*.

1999:   *Die Harke am Sonntag*, 2{ .02.1999: Artikel über die Sportgala 1999 in
        der Leintorhalle: Reinh(ld Bötzel wurde mit 5564 Stimmen von den
        Leserinnen und Lesern ler *Harke* zum Sportler des Jahres 1998 ge-
        wählt.

1999:   *Die Harke – Nienburger Z eitung*: 01.03.1999: Reinhold Bötzel ist Sportler
        des Jahres der Leser un(l Leserinnen der *Harke* für 1998.

1999:   Schür, Manfred: Intervi(w mit Reinhold Bötzel: Tabuthema: „Schwul
        und Behindert: Reinhol l aus Nienburg: ,… die Probleme damit haben
        meistens die anderen' " In: *Du&Ich*, Juli 1999, 31. Jahrgang. Nr. 356,
        S. 12–16.

2000:   *Volksstimme* (Magdebur ;/Stendal), 05.06.2000: „Reinhold Bötzel
        sprang Weltrekord im 1 Intern. LA-Meeting für Behindertensport im
        Salzwedeler Seelenbind ?r-Stadion". (Die erreichten Werte: 1,93 m im
        Hochsprung, 6,37 m im Weitsprung.) Artikel von Ulf Thews.

2000:   *Die Harke – Nienburger Z eitung*, Anfang Juni 2000: „Bötzel überspringt
        Weltrekord! Sportwettk mpf Salzwedel: 1. 1,93 im Hochsprung, 2.
        6,37: neuer deutscher R(kord im Weitsprung".

2000:   *Die Harke – Nienburger Z eitung*, 19.06.2000: „Wieder Weltrekord: Dies-
        mal schafft Bötzel 1,95 Meter!"

2000:   *Die Harke – Nienburger Zeitung*, Anfang Juni 2000: „Bötzel überspringt
        Weltrekordhöhe! Behindertensport: Nienburger Leichtathlet für Syd-
        ney qualifiziert". Bezug auf den Erfolg in Salzwedel.

2000:   19.06.2000: *ZVW (Zeitungsverlag Waiblingen) Rems-Murr-Sport*,
        19.06.2000 Weinstadt: „Reinhold Bötzel aus Nienburg überquerte im
        Hochsprung 1,95 Meter mit einem Arm".

2000:   *Die Harke – Nienburger Zeitung*, 20.06.2000: „Fantastisches Wochenen-
        de: Acht Starts mit sieben Medaillen. Leichtathletik: Nienburger Be-
        hindertensportler sahnen bei der ‚Deutschen' [in Weinstadt] ab, Bötzel
        verbessert seine Weltrekordhöhe" (mit Foto).

2000:   *Die Harke – Nienburger Zeitung*, 18.10.2000: „Paralympics steigern sich
        auf allen Ebenen. […] Bötzel und Frischmann haben Großes vor. Gold-
        Jäger Bötzel und die leise Sorge vor der Enttäuschung".

2000:   *Handicap* 4/2000, S. 25: Reinhold Bötzel wird unter den Bronzemedail-
        len-Gewinnern von Sydney aufgeführt.

2000:   *Die Harke – Nienburger Zeitung*, Oktober 2000: „Reinhold Bötzel: Aus der Traum vom Gold in Sydney. Paralympics: Nienburger Leichtathlet zeigt im Hochsprung Nerven – nur Platz fünf".

2000:   *Paralympics Sydney 2000 DBS-Mannschaftsbuch*, S. 22: Reinhold Bötzel: „Größter Erfolg DM 99: 1. Pl. Hochsprung, 2. Pl. Weitsprung, 3. Pl. WM 98: 4×100-m-Staffel". „Ziel in Sydney: Gewinn einer Medaille".

2000:   *Wunstorfer Stadtanzeiger*, Sonnabend/Sonntag 04./05. 11.2000, S. 1: „Kaufhaus Kastendieck: Sportabteilungsleiter holte Bronze in Sydney". (Im Weitsprung erreichte Bötzel mit 6,25 m den 6. Platz, im Hochsprung mit „nur" 1,84 m den 5. Platz, worüber er sehr ärgerlich sei.

2000:   Dankschreiben der Klinik Münsterland der LVA Westfalen in Bad Rothenfelde an Reinhold Bötzel in Nienburg für „tatkräftige Unterstützung während der Veranstaltung ‚Sport mit Behinderung' ", November 2000.

2000:   *Die Harke – Nienburger Zeitung. BlickPunkt für den Landkreis Nienburg*, 06.12.2000: Reinhold Bötzel trägt sich in das „Goldene Buch" der Stadt Nienburg ein (mit Foto).

2000:   Glückwunsch des Nienburger Bürgermeisters Brieber für sportliche Erfolge in Sydney, Dezember 2000.

2000:   Paralympic Games Sydney 2000. „In recognition […] Reinhold Bötzel finalist Athletics Men's Long Jump F 46).

2001:   *Leine Zeitung*, 09.01.2001: „Begegnung in Wunstorf: Der Medaillengewinner ‚Frei wie ein Vogel' ".

2001:   *Die Harke – Nienburger Zeitung*, 01.02.2001: „Behindertensportler des Jahres Reinhold Bötzel holt Staffel-Bronze bei den Paralympics – seine eigentlichen Stärken liegen aber anderswo. Zwei Meter – für den Hochspringer soll eine Traumgrenze fallen".

2001:   „NDR 1 Radio Niedersachsen berichtet heute über Reinhold Bötzel in der Sendung ‚Bistro' von 13 bis 16 Uhr".

2001:   *Die Harke – Nienburger Zeitung*, 04.03.2001: Sportler des Jahres 2000 der Leser und Leserinnen der Zeitung wurde mit 7501 Stimmen Reinhold Bötzel.

2001: *Die Harke – Nienburger Zeitung*, 05.03.2001: „Reinhold Bötzel trotz Routine richtig gerührt". „Der 25-Jährige freute sich wie ein Kind und hatte bei der Ehrung nahe am Wasser gebaut".

2001: „Gemeente Assen: Disability Open Dutch Athletics 2001", Startnummer 37. Handschriftlicher Vermerk: „EM Assen Hochsprung Weltrekord 1,96 m".

2001: 26.06.2001: Gratulation des Nienburger Bürgermeisters Brieber für Goldmedaille und Weltrekord bei den LA-EM in Assen.

2002: *Die Harke – Nienburger Zeitung*, 02.01.2002: Artikel „2001 – Das Sportjahr": „Getoppt – Weltrekord 1,96. So hoch ist in der Schadensklasse von Reinhold Boetzel zuvor noch niemand gesprungen. Der für den NBS Nienburg startende Behindertensportler aus Wunstorf verbesserte die alte Bestzeit um drei Zentimeter. Gleichzeitig sicherte er sich damit auch die EM-Goldmedaille im holländischen Assen".

2002: *Hannoversche Allgemeine Zeitung (HAZ)*, 25.01.2002: „Die Zwei-Meter-Marke ist das große Ziel. Reinhold Bötzel steht als ‚Sportler des Jahres' der Behinderten zur Wahl" (mit Foto).

2002: *Die Harke am Sonntag:* Sportler des Jahres der Leserinnen und Leser der *Harke* wurde Reinhold Bötzel mit 4505 Stimmen.

2002: *Die Harke – Nienburger Zeitung*, 21.01.2002: Reinhold Bötzel ist Sportler des Jahres für 2001 der Leserinnen und Leser der *Harke*. (Ähnliche Meldung in der Ausgabe vom 19.01.2002.)

2002: *Die Harke – Nienburger Zeitung*, 22.01.2002: „Sechs Kandidaten stehen wieder zur Wahl. Der Behinderten-Sportverband Niedersachsen veranstaltet zum zweiten Mal die Wahl zum ‚Sportler des Jahres' ". Einer der Kandidaten ist „Hochsprung-Europameister Reinhold Bötzel (NBS Nienburg)".

2002: *Leine-Zeitung*, 22.01.2002: „Leichtathletikmeisterschaften in Hannover. Sven Weber bleibt die Ausnahme: […] Die beiden früheren Wunstorfer und jetzigen Hannoveraner Eike Onnen, der mit 2,10 Metern gewann, sowie Reinhold Bötz[e]l, der mit 1,89 Metern die Qualifikation für die Behinderten-WM erfüllte, sorgten für noch größere Erfolge".

2002: *eintracht aktuell* 3/2002: auf dem Titelbild drei Fotos von Reinhold Bötzel und der Text: „Einen Weltmeister hatten wir noch nie. Reinhold Bötzel, Weltmeister 2002 im Hochsprung mit 1,97 m bei der Leichtathletik-Behinderten-Weltmeisterschaft in Lille, Frankreich". Im Inneren des Heftes, S. 23f.: „Eintracht-Leichtathleten weiter auf Erfolgskurs", u. a. Reinhold Bötzel abgebildet (betr. den Sportverein VfL Eintracht Hannover).

2002: „IPC Lille-Villeneuve d'ASCQ 2002". Startnummer 764. Handschriftlich: „WM Lille Hochsprung Weltrekord 1,97 m".

2002: *Monitor vor Ort der Deutschen Telekom*, Ausg. 2, September 2002. Zwei Artikel: „Reinhold Bötzel schaffte Weltrekord" sowie „T-Punkt-Verkäufer stellt Hochsprung-Weltrekord auf. Reinhold Bötzel: ‚Zwei-Meter-Marke ist mein großes Ziel' " (mit zwei Fotos).

2003: *Hannoversche Allgemeine Zeitung (HAZ)*, 24.01.2003: „Nach dem Weltrekord fließen Freudentränen". Reinhold Bötzel ist Kandidat für die Wahl des Behindertensportlers Niedersachsens.

2003: Schulz, Maike: „Kandidat: Reinhold Bötzel". In: *Neuer Start – Behinderten-Sportlermagazin für Niedersachsen* Nr. 1/2003, S. 7 (betr. Reinhold Bötzel als Kandidat für den Behindertensportler des Jahres, mit Foto).

2003: *Die Harke – Nienburger Zeitung*, 24.02.2003: Reinhold Bötzel wird ein Pokal überreicht.

2003: *Wochenmagazin für Marketing, Werbung, Medien und E-Business W&V*, Nr. 15, 11. April 2003, S. 22: TBWA, Berlin – Behindertensportverband Berlin: Die Aktfotos behinderter Sportler – hier Leichtathlet Reinhold Bötzel – sind ab Mai als Anzeigen, Großflächenplakate, Citylights und Postkarten zu sehen. Agentur: Kurt-Georg Dieckert, Stefan Schmidt (CD); Auftraggeber: Manuel Schäfer (Geschäftsführer); Etat: k. A." Aktaufnahmen von Reinhold Bötzel unter www.bsberlin.de.

2003 „*Triumph des Willens.* In einer neuen Kampagne präsentieren sich behinderte Sportler. MAX porträtiert die Protagonisten. Text: David Baum. Fotografie: Andreas Bitesnich". In: *max,* Mai 2003, S. 140–144, betr. Reinhold Bötzel, S. 142, 144 (mit Foto).

2003: *Handicap. Das Magazin für Lebensqualität* 2/2003, S. 22f.: Artikel: *Schöner Körper.* Aktaufnahmen von Reinhold Bötzel.

2003: *Partizip – Die Illustrierte* 5. Jahrgang, 2/2003, S. 34–38: Der Triumph des Willens, Übernahme aus der Zeitschrift *max.*

2003:   *Sport in Berlin*, Heft 5 (Mai) 2003, S. 11: Aktaufnahmen von Reinhold Bötzel.

2003:   *All verschidden, all d'selwecht*, hrsg. Ministère de la Famille Luxembourg S. 9-11: Leichtathlet Reinhold Bötzel über seinen Körper im Sport.

2003:   FAIRNET Leipzig: Reinhold Bötzel „disabled – ich bin schön", „Handicap Modellteam" (drei Fotos).

2003:   *Die Harke – Nienburger Zeitung*, 30.05.2003: „Reinhold Bötzel als erster Niedersachse für die Paralympics in Athen qualifiziert" (mit Foto).

2003:   Disability European Athletics 2003 Assen, Fotoband, S. 46f.: großformatiges Foto von Reinhold Bötzel.

2004:   Zeitung nicht bekannt, vor den Paralympics in Athen, möglicherweise September 2004: „Neues Team, neues Gold bei Paralympics" (mit Foto).

2004:   *Hannoversche Allgemeine Zeitung (HAZ)*, 22.09.2004: „Sportler klagen über Organisation. Athleten kämpfen bei den Paralympics mit Problemen" (betr. Athen).

2004:   *Hannoversche Allgemeine Zeitung (HAZ)*, 23.09.2004: „Athleten bleiben in Erfolgsspur": „Mit einer Weite von 5,89 Metern landete Bötzel nur auf dem 9. Platz und verpasste knapp das Finale" (der achte Platz hätte noch die Teilnahme am Finale bedeutet).

2004:   *Hannoversche Allgemeine Zeitung (HAZ)*, 23.09.2004: „Paralympics-Sportler im Visier der Fahnder. Auch bei behinderten Athleten gehört DOPING inzwischen zum Geschäft".

2004:   Faltblatt *REHA fair Berlin 2004, Fachmesse für Integration, Mobilität, Pflege, Rehabilitation*, 02. bis 04.09.2004 (mit Aktaufnahme von Reinhold Bötzel).

2004:   *Handicap* 3/2004: „Das unsichtbare Handicap", S. 130–133 (betr. homosexuelle Behindertensportler).

2004:   Faltblatt *REHA fair Berlin 2004, Fachmesse für Integration, Mobilität, Pflege, Rehabilitation*, 02. bis 04.09.2004 (mit Aktaufnahme von Reinhold Bötzel).

2004:   *Handicap* 3/2004: „Das unsichtbare Handicap", S. 130–133 (betr. homosexuelle Behindertensportler).

2005: Ballonfahrer-Taufurkunde, Altenholz 25.09.2005 als „Herzog Reinhold der begeisterte [sic], über den Dächern von Hainholz dahinfahrend zur Landung bei Altenholz".

2005: Participation ESPOO Finland, 22.–27.08.2005.

2005: *kurt-schwitters-forum* Nr. 6, Dezember 2005: „Hochleistung mit Handicap. Hochspringer Reinhold Bötzel im Interview".

2006: Paralympic Challenge – Sportevent Duderstadt 2006, 19.–21. Mai.

2006: *Stadtkind, hannovermagazin,* Januar 2006, S. 52f.: „im porträt hochsprung-weltrekordler reinhold boetzel" (mit Fotos).

2006: *Die Harke – Nienburger Zeitung:* 17.05.2006: „Reinhold Bötzel meistert den ‚Fußwechsel' " (mit Foto).

2006: *Die Harke – Nienburger Zeitung,* 16.08.2006: Die WM als Standortbestimmung. Behindertensport: Nach der Umstellung auf das rechte Sprungbein will sich Leichtathlet Reinhold Bötzel an alte Bestwerte herantasten" (mit Foto).

2007: Certificate of Participation: 09.–19. September 2007 in Taipeh, Taiwan.

2007: 14. September 2007: Glückwunsch von Christian Wulff als Ministerpräsident von Niedersachsen an Reinhold Bötzel zum Gewinn der Silbermedaille im Hochsprung bei den „IWAS World Games in Taipeh".

2007: *Zeitpunkt – Unser Jahresendgeschäft. Information für alle Mitarbeiterinnen und Mitarbeiter der Region Nord.* 28. September 2007, S. 4: „Reinhold Bötzel ist Vizeweltmeister im Hochsprung. T-Shop-Mitarbeiter erkämpft sich in Taipeh Silber".

2007: *Hannoversche Allgemeine Zeitung,* 12.10.2007: „Herausforderung" – es geht um den Kalender *Art of Challenge.* Foto von Reinhold Bötzel: „Hochspringer Reinhold Bötzel aus Hannover […] hebt im Schloss Bückeburg ab".

2008: *Paralympics Peking 2008 Mannschaftsmagazin,* S. 36: Erwähnung von Reinhold Bötzel NBS Nienburg.

2008: *Die Harke – Nienburger Zeitung,* 16.08.2006: „Die WM als Standortbestimmung im Behindertensport: Nach Umstellung auf das rechte Sprungbein will sich Leichtathlet Reinhold Bötzel an alte Bestwerte herantasten" (mit Foto).

2008:   *Salzgitter-Zeitung*, 20.10.2008: *Keine Sportler-Demonstration bei Olympia. Fesselnd: Fernsehjournalist Dieter Adler und 170 Besucher beim Forum Sport des KSB in der Sparkasse Goslar/Harz* in Salzgitter-Bad. Auf dem Podium (Abbildung) war u. a. Reinhold Bötzel als Teilnehmer an den Olympischen Spielen in Peking. Themen (u. a.): die Menschenrechtssituation in China, Doping. (Die Teilnahme von Reinhold Bötzel an dieser Veranstaltung wird auch erwähnt in den Artikeln *Peking kommt nach Salzgitter* in der *Salzgitter-Zeitung* vom 10.10.2008, *Olympia süß/ sauer* in der *Salzgitter Woche am Sonntag* vom 12.10.2008, *Sport-Pfarrer diskutiert Olympia* in *Salzgitter-Zeitung* vom 16.10.2008, *Nachschlag* in der Salzgitter-Zeitung vom 24. Oktober 2008, *Dieter Adler hält kritische Olympia-Rückschau* in *Salzgitter-Woche am Sonntag* vom 26.10.2008 – mit Abbildung.)

2008:   *Rollstuhl-Kurier*. Heft Nr. 5, Oktober/November 2008, S. 104f.: Abbildung von Reinhold Bötzel.

2009:   Participation-Diplom IWAS 2009 Bengaluru vom 22.11. bis 02.12.2009.

2010:   Gemeinde Albershausen Kreis Göppingen durch Bürgermeister Hering: Große Sportehrenplakette der Gemeinde Albershausen „für Weltmeister im Hochsprung 2009 der Behinderten". Albershausen 23.02.2010.

2010:   27.12.2010: „Reinhold Bötzel: ‚Inzwischen bin ich selbst ein Vorbild' ". Interview von Christian Lüttecke. In: www.t-online.de/sport/ id_43848554/behindertensportler-reinhold-boetzel-ist-selber-ein-vorbild.

2010:   Torsten Habig: *aufgeben? NIE!* Diplomarbeit, 2010. Zu Reinhold Bötzel: S. 31–35 sowie eine Reihe Fotos in Alltags- und Trainingssituationen.

2013:   Ulrike Adomat: *Die Vermarktung eines Sportlers mit Behinderung: Darstellung am Beispiel des mehrmaligen Paralympics-Teilnehmers Reinhold Bötzel*. VDM Verlag Dr. Müller e. K., Oktober.

2015:   Neue Osnabrücker Zeitung, 02.05.2015: Interview von Marcus Tackenberg mit Felix Klieser unter dem Titel „Felix Klieser spielt Horn – ohne Arme: ‚Mein Lehrer hat nicht an mich geglaubt' ".

2016:   10.–16.06.2016: Certificate of Participation Reinhold Bötzel IPC Athletics European Championships, Grosseto 2016.

2016: *Südwest Presse*, 15.06.2016: „Reinhold Bötzel mit Silber bei Para-EM" in Grosseto. http://www.swp.de/goeppingen/sport/sonstige/Europameisterschaft... (Artikel von PM mit Foto).

2016: *Esslinger Zeitung*, 03.08.2016: Bötzel nominiert für Paralympics (mit Foto).

2016 *Neue Presse*, 15.08.2016: „Er hat ‚komplette Gänsehaut'. Die fünften Paralympics für Hannover-Hochspringer Bötzel" (Artikel von Jonas Szemkus, mit Foto).

2016: 02.09.2016: SWR: „Rio 2016. Paralympics. Die Athleten aus dem Südwesten" (mit 2 Fotos). http://www.swr.de/sport/rio-2016-paralympics-die-athleten-aus dem...

2016: Participation Certificate Rio 2016, betr. Teilnahmebestätigung an den Paralympics in Rio.

2016: Vielfalt erleben – INKLUSION@DT, Bonn. Mai 2016, S. 12–13: Herausforderung. Bewusstseins- und Öffentlichkeitsarbeit mit 2 Fotos von Reinhold Bötzel.

2016: *NWZ – Südwest Presse Online-Dienste*, 17.10.2016: „Albershausen: Erwartungen nicht ganz erfüllt" (Artikel von Dieter Hübl betr. Bötzels Teilnahme an den Paralympics in Rio).

2016: Heft 3 und 4 2016: *VfL Eintracht Hannover: VfL Eintracht – Nachrichten*, S. 38: „Reinhold Bötzel erfolgreich bei Paralympics" (mit zwei Fotos). (Betrifft die EM in Grosseto und die Paralympics in Rio.)

2017: 16.11.2017: „Sportler kämpfen gegen Homophobie: ‚Keine Toleranz für Intoleranz' – Alle Sportarten", http://www.eurosport.de/allesportarten/bergqvist-karlsson-und... (von Reinhold Bötzel unterstützt).

2018: Gemeinde Albershausen: Rathaus & Gemeinderat – Aktuelles: 09.01.2018: Neujahrsempfang der Gemeinde. Foto von der Überreichung der Großen Ehrenurkunde für Reinhold Bötzel an seinen Sportberater Dieter Hübl unter: https://www.albershausen.de/index.php?id=11?&id_11&type=98&...

2018: René Weiss: „Hachenburger Nacht erlebt zwei deutsche Rekorde. TuS Hachenburg baut paralympische Nische weiter aus", 20.06.2018 unter: https://www.lvrheinland.de/news/single-view/?tx_ttnews[tt_news]... (betr. Absage von Reinhold Bötzel).

2018:   Behinderten- und Rehabilitationssport-Verband Rheinland-Pfalz, 05.07.2018: „5 Rheinland-Pfälzer starten bei der Para-Leichtathletik-DM", unter: https://www.bsv-rlp.de/meldung/5-rheinland-pfaelzer-starten-bei...

2018:   *hinnerk* 7/18, S. 29: Ankündigung einer Veranstaltung mit Reinhold Bötzel am 29.07.2018 im Rahmen des Hamburger CSDs.

2018:   11.07.2018: „TuS Rot-Weiß Koblenz erfolgreich bei der Para DM. Reinhold Bötzel wurde Deutscher Meister" (mit Foto). https://www.blick-aktuell.de/Sport/Reinhold-Boetzelwurde-Deutscher...

2019:   *Ostthüringer Zeitung*, 09.02.2019: „Hochspringer Reinhold Bötzel zu Besuch in Seelingstädt. Schüler der Regelschule ‚Im Ländereck' hatten Paralympicsteilnehmer eingeladen".

2019:   Allgemeine Zeitung, 16.10.2019: Reinhold Bötzel im Bericht „Weltmeister Niklas Kaul erhält rheinland-pfälzische Sportplakette".

2019:   Pressemitteilung der Landesregierung Rheinland-Pfalz vom 15.10.2019, Ministerpräsidentin Malu Dreyer: „Sport bringt Menschen zusammen": https://www.rlp.de/de/pressemitteilungen/einzelansicht/news/News/detail/ministerpraesidentin-malu-dreyer-sport-bringt-menschen-zusammen/

REINHOLD

IN DER PRESSE

(AUSZÜGE)

Die Zwei-Meter-Marke ist das große Zie

Einen Weltmeister
hatten wir noch nie!
Reinhold Bötzel,
Weltmeister 2002
im Hochsprung
mit 1,97 m bei der
Leichtathletik-
Behinderten-
Weltmeisterschaft
in Lille/Frankreich

eintracht aktuell

3/2002   3. Quartal

HANNOVER

Der große Sportverein
in Hannovers Südstadt

gegenüber der
Gilde Brauerei AG

STRAHLEND MIT MEDAILLE: Reinhold Bötzel
freut sich über seinen EM-Sieg.

Gesagt, getan: Bis heute hat er in den
Disziplinen 100-Meter-Lauf
Weitsprung Med

HOCHSPRUNG
MIT HANDICAP

DER SCHWULE BEHINDERTENSPORTLER REINHOLD BÖTZEL IM PRIDE HOU

12   DIE HARKE · NIENBURGER ZEITUNG

Hermerding

Reinhold Bötzel meistert den „Fußwechsel"

„German Qualifikation
Leichtathletik-Meeting" in

burg traf beim Hochsprung
auf internationale Konkur-

renz. Nationaltrainer Mat-
thias Pollich zeigte sich be-

lauf völlig neu
den."   Das

Behindertensportler geehrt

Zur Ehrung von Bötzel hatten sich neben seinem Ver-
einsvorsitzenden vom Nied-

Nienburg (lex). Bei einem
Empfang im Bürgermeister-
zimmer des historischen Nienburger Rathauses ehrte Bür

ten in Augsburg in der Sprint-
staffel", im Hoch
Wertsprung erra
Der Behinder

OSTTHÜRINGER
Zeitung

Hochspringer Reinhold Bötzel z
Besuch in Seelingstädt

Schüler der Regelschule „Im Ländereck" hatten Paralympicsteilnehmer
eingeladen

EDF
764
LILLE-VILLENEUVE D'ASCQ
2002

Reinhold Bötzel erfolgreich bei Paralympics

Bötzel erneut das Maß aller Dinge
Drei Deutsche Meisterschaften für den Nienburger Behindertensportler

...... Bötzel sta
...... Rio im Hoch-
...... Er erreichte mit über-
...... nen 1,80 Meter einen sehr
...... neunten Platz. Reinhold war
amit bester Europäer nachdem er
n Juni bei der Para-Leichtathletik
M in Grosseto/Italien ...
..edaille ...

Nr 3 u 4/2016

VfL Eintracht *Leichtathletik*

Rein... Bötzel erfolgreich bei Paralympics

...... Bun-
..... trikot des VfL Ein-
..... Hann..... Leichtathletik   werter Weise auch bei der Beschaf
..eetings u..... der   fung des Top-Wettkampfbilde
..cht.behin.....   ....bilflich war.
Im Rah.....   .....lte nach dem Wett
..sports wi.....   ......ojekt fü
..en Spor.....   Donnerstag, 17. Februar 199.
..gen, b.....

Bei den Deutschen Behinderten-Skimeisterschaften
Am schnellsten um die Tore
Drei alpine Meistertitel für Reinhold Bötzel aus Albershausen

.... 23.08. fand der Ellen...
..rfer Ober ...
.sta.. Do....   ..... vom 01.10. bis
.chüler/.....   ..uf an einem Trainingslage
.en Athle.....   ..m Kader des Behindertenspor.
..aul Rau.....   ..bandes in Kienbaum und Han..
..eitungs.....   ...teil.
..es Beh.....   ....aul bleibt weiter Kaderachle.
..nnte....   ..es Behindertensportverbandes.
.. ..then ....aum Lang-   Die Ergebnisse der ander.
..e ....Laufwett.....   Athisten aus seiner Gruppe:

EM
Ass.n
Hochsprung
Wettkampf
1,96 m

37
GEMEENTE ASSEN

BERLIN
2004
REHA fall BERL...
REHA

2.–4. SEPTEMBER 20..
MESSEGELÄNDE UNTER DEM FUNK...
HALLEN 2 ·..·..·..

Sportabteilungsleiter holte Bronze in Sidney

WUNSTORF -pol- Jubel in Mit der persönlichen Bestle- pert war er deswegen, weil er die zen neben dem Weltrekord auch
der Sportabteilung des Kauf- stung von 6,25 Meter belegte er Siegerhöhe von 1,90 Meter sonst den deutschen und ihn Europa-

...... Thomas bis ins   ...... Camile Pere..
..... Zeit von 21.42 min.   ..... 26 .. .. Platz 10 W...
..... P...s .. der U18 und für   P... .. ...chaft U18.

13.2.2017

4) Literaturangaben (ausgenommen die oben erwähnten Zeitschriften)

- Crust, Lee: *Das psychologische Phänomen „Flow" führt zum Sieg,* unter https://www.trainingsworld.com/sportmedizin/motivation/das-psychologische-phaenomen-flow-fuehrt-sie-zum-sieg-1279007
- Gardell, Jonas: *Das Passionsspiel.* Übersetzt von Gottfried Lorenz, gewidmet Reinhold Bötzel. Münster 2016
- Holy, Michael: *Schwule und Sport und die Phantasie der „Homosexualisierung der Gesellschaft",* PDF-Datei unter www.gleichgeschlechtliche-lebensweisen.hessen.-de/global/show_document.asp?id…
- Jung, Tobias: Interview mit Reinhold Bötzel für eine Bachelorarbeit, 23. Mai 2017 (s. auch IV)
- Meesmann, Hartmut / Publik-Forum (Hg.): Nackter als nackt komm' ich zu dir. Sexualität. Freiburg im Breisgau 1990
- Schmidt, Carsten: Die Onnens aus Hannover kommen. In HAZ, 27. Februar 2016
- Walker, Ewald: *Die Onnens – eine nicht ganz gewöhnliche Familie,* 04.08.2015, unter https://www.leichtathletik.de/news/…/die-onnens-eine-nicht-ganz-gewoehnliche-familie
- Wikipedia-Artikel zu: Albershausen, Bezgenriet, Ben Johnson, IPC-Leichtathletik-Europameisterschaften, Javier Sotomayor, Leichtathletik-Weltmeisterschaften der Behinderten, Paralympische Spiele, Polizeiruf 110: Gelobtes Land, T46 (Paralympics)

5) Ungedruckte Quellen

- Gespräche zwischen Reinhold Bötzel und Gottfried Lorenz in Hannover: 8. August 2016, 11. und 12. Februar 2017 (Gesprächsmitschnitt), 7. April 2017 (Gesprächsmitschnitt), 22. April 2017 (Gesprächsmitschnitt), Gespräche auf einer gemeinsamen Reise in die Radstädter Tauern vom 15. bis 23. September 2017
- Telefongespräche zwischen Reinhold Bötzel und Gottfried Lorenz (zwischen 30 und 60 Minuten Dauer) am 2. Juli 2016, 25. März, 14. Juli sowie 27. September 2017
- Zahlreiche E-Mails zwischen Reinhold Bötzel und Gottfried Lorenz, z. B.: 2016: 22. Juni
- 2017: 12. Februar, 05. März, 06. März, 25. September, 13. Oktober, 14. Oktober, 16. Oktober, 17. Oktober, 23. Oktober, 25. Oktober, 26. Oktober, 28. Oktober, 29. Oktober, 30. Oktober, 01. November, 04. November, 12. November, 15. November
- 2018: 29. Juli, 30. Juli, 01. Oktober , 07. Oktober, 10. Oktober, 11. Oktober, 23. Oktober (als Antwort auf einen Brief vom 18. Oktober)
- E-Mails zwischen Reinhold Bötzels Sportberater Dieter Hübl und Gottfried Lorenz: 2018: 05. Februar, 06. Februar, 19. Februar, 20. Februar, 31. März, 11. April, 13. April, 14. April, 24. April, 27. April, 28. April, 22. Juli, 01. August, 04. August, 05. August, 19. August, 20. August, 26. September, 01. Oktober, 22. Oktober, 02. November, 03. November, 15. Dezember
- 2019: Mehrere Telefonate zwischen Gottfried Lorenz, Dieter Hübl und Reinhold Bötzel; Termin und gemeinsame Arbeitsgespräche zu Änderungen und Ergänzungen im Text am 10./11.08.2019 in Glinde bei Hamburg sowie weiterer Mailaustausch, z. B. am 11. Januar, 20. Februar, 08. März, 10. März, 16. März, 18. März, 06. April, 24. April, 24. Mai, 22. Juni, 12. August, 08. September, 28. September, 02.Oktober, 16. Oktober, 04. Dezember

Diverses:

- 23. Mai 2017: Interview mit Reinhold Bötzel von Tobias Jung für eine Bachelorarbeit, privater Mitschnitt
- 4. Juli 2017: Interview mit Reinhold Bötzel von Annika Grützner für eine Bachelorarbeit, privater Mitschnitt
- Hotelmappe des *Landhotels Postgut* in Tweng: Historischer Überblick
- *The Burning Shoes*, am 28.01.2012 von Helga Klary hochgeladen unter Youtube: https://www.youtube.com/watch?v=cJZzdicvOOE
- Homepage (deutsch, englisch, spanisch) unter www.reinhold-boetzel.de sowie deutschsprachige Broschüre unter dem Titel „Reinhold Bötzel: Hochsprung mit Handicap"
- Autogrammkarte: *Reinhold Bötzel: Leistungssportler – Hochsprung*. Erstellt von Dieter Hübl, Fotografie: Marcus Hartmann: www.photo-hartmann.de

6) Verzeichnis der Urkunden (sowie Ehrungen/Wettkampfbeteiligungen)

(Den Medaillen-Nennungen unter oben 2) ist generell eine parallele Urkundenverleihung zugehörig, auch wenn einzelne dieser Urkunden hier nicht explizit mit gelistet sein sollten. Bei den meisten Ehrungen ist i. d. R. auch die Auszeichnung mit einer zugehörigen Ehrennadel verbunden. Ehrennadeln wurden hier nur in Einzelfällen explizit erwähnt.)

1985:   Moerser Sportclub 1985 e. V., Urkunde: Reinhold Bötzel NBS Nienburg errang in der Disziplin Hochsprung Männer A2 Ju A mit 1,65 m den 1. Platz. Moers, den 30.04.1995.

1985:   dsb-Urkunde für das Deutsche Schülersportabzeichen in Bronze, Stuttgart, 08.11.1985.

1986:   dsb-Urkunde für das Deutsche Schülersportabzeichen in Silber. Stuttgart, 21.11.1986

1986:   „Ehrenurkunde für hervorragende Leistungen bei den Bundesjugendspielen 1987. Leichtathletik. Mit 2036 Punkten verleihe ich Reinhold Bötzel als Anerkennung diese Urkunde. Der Bundespräsident R. Weizsäcker".

1987:   „Ehrenurkunde für hervorragende Leistungen bei den Bundesjugendspielen 1987. Leichtathletik. Mit 2036 Punkten verleihe ich Reinhold Bötzel als Anerkennung diese Urkunde. Der Bundespräsident R. Weizsäcker".

1987   dsb-Urkunde für das Deutsche Schülersportabzeichen in Silber. Stuttgart, 09.12.1987.

1987:   dsb-Urkunde für das Deutsche Schülersportabzeichen in Gold, Stuttgart, 17.12.1987.

1993   12.06.1993: „Urkunde: 5. Württ. Leichtathletik-Einzelmeisterschaften 1993 in Aulendorf. Reinhold Bötzel, Göppingen, erreichte in der Startklasse A6/8 M im Weitsprung A mit 5,76 m Platz 1, Hochsprung mit 1,73 m Platz 1, 100-m-Lauf in 13,0 sec. Platz 2. Aulendorf, den 12. Juni 1993, Württ. Versehrtensportverband, VSA Aulendorf in der SG 1900 Aulendorf e. V."

1994: 24.–31.07.1994: Leichtathletik-Weltmeisterschaften der Behinderten in Berlin: Erste Teilnahme an großen internationalen Wettkämpfen: 4×100-m-Staffellauf: 4. Platz, 100-m-Lauf: 11. Platz, Weitsprung: 7. Platz.

1994: Deutscher Behindertensportverband e. V.: Internationale offene deutsche Meisterschaften in der LA, Schwetzingen 15.–17.07.1994: 2. Platz Weitsprung, 5,54 m, Hochsprung: 1,66 m.

1996 Deutscher Behindertensportverband e. V.: Deutsche Meisterschaften in Schleswig: Hochsprung: 1. Platz, Weitsprung: 1. Platz, 100-m-Lauf: 1. Platz.

1997: ISOD Europameisterschaft der Behinderten in Madrid (Leganés): Hochsprung: 1. Platz, Weitsprung: 5. Platz.

1998: Landesmeisterschaften Niedersachsen in Lüneburg: Hochsprung: 1. Platz (1,90 m, Deutscher Rekord), Weitsprung: 1. Platz.

1998: 09.–16.08.1998: Leichtathletik-Weltmeisterschaften der Behinderten in Birmingham: 4×100-m-Staffel: 3. Platz (47,43 sec, Deutscher Rekord).

1998: Sportler des Jahres in Nienburg.

1999: 26.10.–03.11.1999: Australische Leichtathletik-Meisterschaften der Behinderten in Sydney: Weitsprung: 1. Platz, Hochsprung: 2. Platz.

2000: 13.05.2000: BSN Landesmeisterschaft Wunstorf: Hochsprung: 1. Platz (1,88 m), Weitsprung 1. Platz (6,19 m).

2000: BSV Intern. Meeting Salzwedel 04.06.2000: Hochsprung: 1. Platz (1,93 m, Weltrekord), Weitsprung: 1. Platz (6,36 m, Deutscher Rekord).

2000: 16.–18.06.2000 DBS: Intern. Deutsche Meisterschaften Weinstadt: Hochsprung: 1. Platz (1,95 m, Weltrekord), Weitsprung: 1. Platz (6,27 m).

2000: 18.–29.10.2000: **Paralympics** in Sydney: 4×100-m-Staffel: 3. Platz (46,15 sec, Deutscher Rekord), Bronzemedaille, Hochsprung: 5. Platz (1,84 m), Weitsprung: 6. Platz (6,25 m).

2001: Ehrenurkunde Wunstorf für sportliche Leistungen 2000. Wunstorf, 18.03.2001.

2001: „Urkunde für hervorragende sportliche Leistungen bei den XI. Sommerparalympics in Sydney 2000 verleihe ich Herrn Reinhold Bötzel das Silberne Lorbeerblatt, Berlin, den 2. Februar 2001. Der Bundespräsident/Johannes Rau".

2001/ „Ehrenurkunde für hervorragende sportliche Leistungen 2001".
2002: Wunstorf, 21.04.2002. Bürgermeister Eberhardt.

2003: Diploma Disability European Athletics 2003 Assen – The Netherlands: Reinhold Boetzel, Germany, high jump men F 44/46. 2. [Platz] 1,82 m, president E.P.C., president Euro Champ".

2003: 07.09.2003: „Urkunde für einen Tandemsprung aus 3 000 m, Reinhold Bötzel mit Horst. Willkommen in der Welt der Fallschirmspringer! 7.9.03".

2004: „Im Januar 2004: Ehrenurkunde der Stadt Nienburg für Herrn Reinhold Bötzel. Zu Ihren sportlichen Erfolgen spreche ich Ihnen meine Anerkennung und herzlichen Glückwünsche aus. 1. Platz bei der WM (Leichtathletik) im Hochsprung (2002), 1. Platz bei den Deutschen Meisterschaften (Leichtathletik) im Hochsprung und Weitsprung (2002), 1. Platz bei den Deutschen Meisterschaften (Leichtathletik) im Hochsprung (2003), 1. Platz bei den Nds. Meisterschaften (Leichtathletik) im Hochsprung (2003). Ich wünsche Ihnen auch für die Zukunft viel Freude am Sport. Stadt Nienburg/Weser. Nienburg, im Januar 2004. Brieber, Bürgermeister".

2004: 19. - 27.9.2004: **Paralympics** in Athen: 9. Platz im Hochsprung.

2006: Januar 2006: „Ehrenurkunde für Herrn Reinhold Bötzel. Zu Ihren folgenden sportlichen Erfolgen im Jahr 2005 spreche ich Ihnen meine Anerkennung und herzlichen Glückwünsche aus. 1. Platz bei den Intern. Deutschen Meisterschaften im Hochsprung, 2. Platz bei den Europameisterschaften im Hochsprung, 2. Platz bei den Europameisterschaften mit der 4×100-m-Staffel. Ich wünsche Ihnen auch für die Zukunft viel Freude am Sport. Stadt Nienburg/Weser. Nienburg, im Januar 2006. Brieber, Bürgermeister".

2007: „Ehrenurkunde für Herrn Reinhold Bötzel. Zu Ihren folgenden sportlichen Erfolgen in der Leichtathletik (Hochsprung) im Jahr 2006 spreche ich Ihnen meine Anerkennung und herzlichen Glückwünsche aus. 1. Platz beim Hochsprungmeeting in Nordenham, 2. Platz bei der Intern. Deutschen Meisterschaft. Ich wünsche Ihnen auch für die Zukunft viel Freude am Sport. Stadt Nienburg/Weser. Nienburg, im Februar 2007. Onkes, Bürgermeister".

2008: 14.09.2008: **Paralympics** in Peking: 6. Platz im Hochsprung.

2010: 12.06.2010: Internationale Deutsche Meisterschaft, Hochsprung: 4. Platz.

2010: 19.12.2010: Finale offen-b-Technik, Hochsprung: 1. Platz.

2010: Gemeinde Albershausen Kreis Göppingen: In Anerkennung der sportlichen Leistungen wird Reinhold Bötzel für Weltmeister im Hochsprung 2009 Leichtathletik der Behinderten die Große Sportehrenplakette der Gemeinde Albershausen verliehen. Albershausen, den 23. Februar 2010. Hering, Bürgermeister".

2011: 27.01.2011: Weltmeisterschaften in Christchurch: 4. Platz im Hochsprung.

2011: 29.01.2011: Weltmeisterschaften in Christchurch: 4. Platz in der 4×100-Meter-Staffel.

2011: 25.02.2011: „Urkunde: Reinhold Bötzel, Rot-Weiß Koblenz, Deutscher Meister 2010 Leichtathletik/Hochsprung wird die Meisterschaftsnadel des Landessportbundes Rheinland-Pfalz in Gold als Anerkennung und Dank verliehen. Mainz, den 25.02.2011!".

2011: 23.07.2011: Singen/Hohentwiel, Hochsprung, 1. Platz.

2011 04.11.2011: „Urkunde: In Anerkennung und Würdigung seiner herausragenden sportlichen Leistungen in der Leichtathletik wird Herr Reinhold Bötzel, geb. am 8. Dezember 1975, in das Ehrenportal des niedersächsischen Sports aufgenommen. Hannover, den 4. November 2011. Niedersächsisches Institut für Sportgeschichte e. V.".

2012: Urkunde: „Reinhold Bötzel, TuS Rot-Weiß Koblenz, Deutscher Meister 2011 in der Leichtathletik, wird die Meisterschaftsnadel des Landessportbundes Rheinland-Pfalz in Gold als Anerkennung und Dank verliehen. Mainz, 9.3.2012".

2012: NLV + BLV-Hallenmeisterschaften 2012, Männer, Frauen, Jugend U 18, Reinhold Bötzel. LG Hannover, Hochsprung Männer: 1,89 m: Siebenter. Hannover, 22. Januar 2012. (Hierbei handelt es sich nicht um eine Veranstaltung des Behindertensports, sondern um eine solche des allgemeinen Sports.)

2012: 04.03.2012: Halle an der Saale, Hochsprung Männer, Finale offen-b-Technik: 1. Platz.

2012: 18.06.2012: Berlin, Finale offen-b-Technik und Internationale Deutsche Meisterschaft: 2. Platz.

2012: 08.09.2012: **Paralympics** in London: 7. Platz im Hochsprung.

2012: „Zur Erinnerung an die XIV. Paralympischen Sommerspiele vom 29. August bis zum 9. September 2012 in London [...] überreicht der Behinderten- und Rehabilitationsverband Rheinland-Pfalz Herrn Reinhold Bötzel diese Widmung. Hierin zeigt sich die große und aufrichtige Freude des Verbandes über Ihre Teilnahme. Gleichzeitig wünschen wir Ihnen alles Gute für Ihre persönliche und sportliche Zukunft". Koblenz, 25.09.2012.

2013: Ehrenurkunde für das Wettkampfjahr 2012 des Behinderten- und Rehabilitations-Verbandes Rheinland-Pfalz. Koblenz, 15.03.2013.

2013: 22.02.2013: „Urkunde: Reinhold Bötzel, TuS Rot-Weiß Koblenz, Deutscher Hallen-Meister 2012, IDM im Hochsprung, b-Technik F 46 [Armamputation], wird die Meisterschaftsnadel des Landessportbundes Rheinland-Pfalz in Gold als Anerkennung und Dank verliehen. Mainz, den 22.02.2013".

2014: August 2014: Europameisterschaften in Swansea: Europameister.

2016: Juni 2016: Europameisterschaften in Grosseto: Vizeeuropameister.

2016: 16.09.2016: **Paralympics** in Rio de Janeiro: 9. Platz im Hochsprung.

2017: 27.05.2017: Deutsche Meisterschaften in Erfurt: Deutscher Meister.

2018: 24.02.2018: DM-Leichtathletik Hallenmeisterschaften in Erfurt: Deutscher Meister.

2018: 02.03.2018: Urkunde: „Reinhold Bötzel, TuS Rot-Weiß Koblenz, Deutscher Meister 2017: Leichtathletik im Para Hochsprung Freiluft T 47, Deutscher Meister 2017: Leichtathletik im Para Hochsprung Halle T 47, wird die Meisterschaftsnadel des Landessportbundes Rheinland-Pfalz in Gold als Anerkennung und Dank verliehen. Mainz, den 2.3.2018". Unterzeichnet von Jochen Borchert, Vizepräsident Leistungssport. Die Urkunde wurde im Rahmen der Meisterehrung 2017 am 2. März 2018 in Bingen i. V. an Reinhold Bötzels Manager Dieter Hübl überreicht.

2018: 07.07.2018: Deutsche Meisterschaften in Kienbaum: Deutscher Meister.

2019: 22.02.2019: „Urkunde: Reinhold Bötzel, TuS Rot-Weiß Koblenz, Deutscher Meister 2018: Leichtathletik im Para Hochsprung Freiluft T 47, Deutscher Meister 2018: Leichtathletik im Para Hochsprung Halle T 47, wird die Meisterschaftsnadel des Landessportbundes Rheinland-Pfalz in Gold als Anerkennung und Dank verliehen. Mainz, den 22.02.2019". Unterzeichnet von Jochen Borchert, Vizepräsident Leistungssport. Die Urkunde wurde im Rahmen der Meisterehrung 2018 am 22. Februar 2019 in Ingelheim an Reinhold Bötzels Manager Dieter Hübl überreicht.

2019: 15.10.2019: Urkunde zur Verleihung der Sportplakette des Landes Rheinland-Pfalz durch Ministerpräsidentin Malu Dreyer, Staatskanzlei, Mainz.

2019: 27.11.2019: Urkunde von Skydive auf Gran Canaria für einen Tandemsprung aus 3500 m Flughöhe, Reinhold Bötzel mit Paco Romero.

RHEINLAND-PFALZ

VERLEIHUNGSURKUNDE

FÜR HERVORRAGENDE VERDIENSTE UM DEN SPORT
IM LANDE RHEINLAND-PFALZ
VERLEIHE ICH

Herrn Reinhold Bötzel

TUS ROT-WEISS KOBLENZ

DIE SPORTPLAKETTE

DES LANDES RHEINLAND-PFALZ

DIE VERLEIHUNG ERFOLGT IN DEM WUNSCH,
DEN GEDANKEN DES SPORTS IN
GANZ RHEINLAND-PFALZ ZU STÄRKEN.
SIE IST ANERKENNUNG UND ANSPORN ZUGLEICH,
MENSCHEN ZU BEWEGEN.

MAINZ, DEN 15. OKTOBER 2019

DIE MINISTERPRÄSIDENTIN

Malu Dreyer

Ehren Urkunde

für Herrn

Reinhold Bötzel

Zu Ihren folgenden sportlichen Erfolgen spreche ich Ihnen meine
Anerkennung und herzlichen Glückwünsche aus.

1.Platz bei den **Weltmeisterschaften**
(Leichtathletik) im Hochsprung (2002)
1.Platz bei den **Deutschen Meisterschaften**
(Leichtathletik) im Hochsprung und Weitsprung (2002)
1.Platz bei den **Deutschen Meisterschaften**
(Leichtathletik) im Hochsprung (2003)
1.Platz bei den **Nds. Meisterschaften**
(Leichtathletik) im Hochsprung (2003)

Ich wünsche Ihnen auch für die Zukunft
viel Freude am Sport.

STADT NIENBURG/WESER
Nienburg, im Januar 2004

Brieber
BÜRGERMEISTER

Urkunde

In Anerkennung und Würdigung
seiner herausragenden sportlichen Leistungen
in der Leichtathletik
wird

Herr Reinhold Bötzel

geb. am 8. Dezember 1975

in das

Ehrenportal
des niedersächsischen Sports

aufgenommen.

Hannover, den 4. November 2011

**Niedersächsisches Institut für
Sportgeschichte e.V.**

Prof. Dr. Arnd Krüger
Vorsitzender

Prof. Dr. Dr. Bernd Wedemeyer-Kolwe
Wiss. Leiter / Geschäftsführer

URKUNDE

FÜR HERVORRAGENDE SPORTLICHE LEISTUNGEN
BEI DEN XI. SOMMERPARALYMPICS IN SYDNEY 2000

VERLEIHE ICH

HERRN REINHOLD BÖTZEL

DAS

SILBERNE LORBEERBLATT

BERLIN, DEN 2. FEBRUAR 2001

DER BUNDESPRÄSIDENT

Reinhold Bötzel

TuS Rot-Weiß-Koblenz

2. der Europameisterschaft 2...
im Hochsprung
Behindertensport

wird die Meisterschaft...
des Landessportbundes Rhe...
in Gold
als Anerkennung und Da...

Mainz, den 03.03.2017

Karin Augustin
LSB-Präsidentin

GEMEINDE ALBERSHAUSEN
KREIS GÖPPINGEN

In Anerkennung der sportlichen Leistungen
wird

Reinhold Bötzel

für

Weltmeister im Hochsprung 2009 Leichtathletik der Behinderten

die

Große SPORTEHRENPLAKETTE
der Gemeinde Albershausen

verliehen.

Albershausen, den 23. Februar 2010

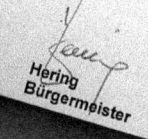

Hering
Bürgermeister

9 783828 035959